FLÁVIO JOSEFO

COLEÇÃO
FIGURAS DO SABER

dirigida por
Richard Zrehen

Títulos publicados

1. *Kierkegaard*, de Charles Le Blanc
2. *Nietzsche*, de Richard Beardsworth
3. *Deleuze*, de Alberto Gualandi
4. *Maimônides*, de Gérard Haddad
5. *Espinosa*, de André Scala
6. *Foucault*, de Pierre Billouet
7. *Darwin*, de Charles Lenay
8. *Wittgenstein*, de François Schmitz
9. *Kant*, de Denis Thouard
10. *Locke*, de Alexis Tadié
11. *D'Alembert*, de Michel Paty
12. *Hegel*, de Benoît Timmermans
13. *Lacan*, de Alain Vanier
14. *Flávio Josefo*, de Denis Lamour
15. *Averróis*, de Ali Benmakhlouf
16. *Husserl*, de Jean-Michel Salanskis

FLÁVIO JOSEFO
DENIS LAMOUR

Tradução
Guilherme João de Freitas Teixeira

Revisão técnica
Tadeu Mazzola Verza
Universidade Federal da Bahia

Estação Liberdade

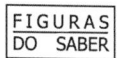
FIGURAS DO SABER

Título original francês: *Flavius Josèphe*
© Societé d'Édition Les Belles Lettres, 2000
© Editora Estação Liberdade, 2006, para esta tradução

Preparação de texto e revisões	Tulio Kawata
Projeto gráfico	Edilberto Fernando Verza
Composição	Nobuca Rachi
Capa	Natanael Longo de Oliveira
Editora adjunta	Graziela Costa Pinto
Editor responsável	Angel Bojadsen

CIP-BRASIL. CATALOGAÇÃO-NA-FONTE
Sindicato Nacional dos Editores de Livros, RJ

L233f

Lamour, Denis
    Flávio Josefo / Denis Lamour ; tradução Guilherme
João de Freitas Teixeira ; revisão técnica Tadeu M. Verza. –
São Paulo : Estação Liberdade, 2006.
    152p. – (Figuras do saber ; 14)

    Tradução de: Flavius Josèphe
    Contém cronologia
    Inclui bibliografia
    ISBN 85- 85-7448-112-2

    1. Josefo, Flávio, 37 ou 38-ca.100. 2. Historiadores
judeus – Biografia. 3. Judeus - História - Rebelião, 66-73.
I. Título. II. Série.

06-0184.   CDD 920.9296
                                             CDU 929:296

Todos os direitos reservados à
Editora Estação Liberdade Ltda.
Rua Dona Elisa, 116   01155-030   São Paulo-SP
Tel.: (11) 3661-2881   Fax: (11) 3825-4239
editora@estacaoliberdade.com.br
http://www.estacaoliberdade.com.br

Sumário

Cronologia 9

Prefácio 13

1. Ensaio biográfico 17

2. Alguns problemas relacionados à transmissão dos textos 31

3. O projeto do historiador: história romana do povo judeu 43
   Princípios adotados 46
   Modelos e fontes 54
   Trabalho ideológico 62
   Racionalização 70
   Josefo, fonte histórica da história romana 79

4. O papel de Israel na história: Josefo, historiador judeu 85
   A destruição do Templo, paradoxalmente, marca a entrada de Israel na História 86
   Monarquia e poder 96

Polêmica contra Apião	102
O judaísmo e sua vocação para a universalidade: a teocracia	106

5. Autodestruição de um sistema ou a historiografia
à prova dos fatos 113
    Missão de Israel e de Josefo:
    de Jeremias a Daniel 114
    Josefo em Roma 119
    O romance de uma autobiografia 122

6. Josefo e a continuidade do judaísmo 131
    Yavneh, a recusa da história, e Josefo,
        historiador judeu 131
    Leituras de Josefo 139
    Josefo, fantasma da historiografia judaica? 144

Indicações bibliográficas 147

Cronologia

161 a. C. Tratado de amizade entre a Judéia e Roma; os judeus pedem ajuda para se libertar do jugo da Síria, governada pelos selêucidas. Revolta dos macabeus contra Antíoco Epífano e restabelecimento do Reino da Judéia.

161-63 a. C. A Judéia independente. Reinado da dinastia asmoniana.

63 a. C. Tomada de Jerusalém por Pompeu. Instalação dos idumeus.

37-4 a. C. Reinado de Herodes, o Grande. Após sua morte, a Judéia é dividida em tetrarquias.

37 d. C. Nascimento, em Jerusalém, de Yosef ben Matitiahu ha-Cohen; ao ser feito cidadão romano pelo imperador Vespasiano, adota o nome de família do benfeitor como prenome, e passa a chamar-se Flávio Josefo.

37-44 Herodes Agripa I, neto de Herodes, o Grande, rei protegido de Roma – a princípio rei de Cálcis e, em seguida, da Judéia (no ano 40) –, consegue reconstituir, durante um período limitado, o reino do avô. A Judéia torna-se província romana (44) e fica dependente do legado da Síria.

37-41	Reinado de Calígula.
41-54	Reinado de Cláudio.
46	Tibério Júlio Alexandre torna-se procurador da Judéia.
48-c. 95	Reinado de Herodes Agripa II sobre um território que não incluía Jerusalém.
54-68	Reinado de Nero.
64	Viagem "oficial" de Josefo a Roma para negociar a libertação de sacerdotes judeus. Ao regressar, encontra a Judéia em plena agitação.
66-72	Revolta judaica.
66	Em novembro, Céstio Galo, governador da Síria, não consegue apoderar-se de Jerusalém. Durante a retirada, suas tropas são derrotadas no desfiladeiro de Beth Oron. Josefo é incumbido de organizar a defesa da Galiléia.
67	Nero envia Vespasiano para restabelecer a ordem na Judéia. Josefo entrega-se aos romanos em Jotapata. Prediz que Vespasiano será imperador.
68-69	Período conhecido como "o ano dos quatro imperadores": após o assassinato de Nero, a função de imperador é desempenhada, sucessivamente, por Galba, Oto e Vitélio. Finalmente, Vespasiano é proclamado imperador por suas legiões.
70	Tito apodera-se de Jerusalém e destrói o Templo.
?	Libertado por ter predito que Vespasiano seria imperador, Josefo é levado para Roma.

	Segundo a tradição rabínica, na mesma época – ou seja, durante o cerco –, Yohanan ben Zakkai consegue fugir da Jerusalém sitiada, dentro de um caixão; em seguida, levado à presença de Vespasiano, anuncia-lhe que será imperador e, em troca, recebe a autorização para prosseguir seu ensino em Yavneh [= Yabné = Jamnia, centro de cultura judaica, ao sul de Tel Aviv, para onde fugiram muitos sábios judeus logo após a queda de Jerusalém].
73 (74)	Fim da guerra, depois da tomada da fortaleza de Massada, perto da margem oeste do mar Morto.
75-79 (?)	Publicação de *A guerra dos judeus*.
78-81	Reinado de Tito.
81-96	Reinado de Domiciano.
93-94	Publicação de *As antiguidades judaicas* e, em seguida, de *Autobiografia*; provavelmente esse livro tenha sido publicado logo depois de uma outra obra sobre a guerra da Judéia, redigida por Justo de Tiberíades, historiador rival de Flávio Josefo e secretário do rei Herodes Agripa.
?	Publicação de *Contra Apião*.
Após 95 (?)	Morte de Flávio Josefo, provavelmente em Roma.
135	Sob o reinado de Adriano, após o aniquilamento da revolta de Bar Kochba, Jerusalém troca de nome para *Ælia Capitolina*; daí em diante, os judeus são proibidos de residir nessa cidade.

Prefácio

Flávio Josefo – nascido como Yosef ben Matitiahu ha-Cohen –, aristocrata, doutor da Lei, diplomata, comandante de guerra e historiador, não deveria jamais ter passado para a posteridade; em grande parte, isso ocorreu por razões equivocadas.

Apesar de ter sido, incontestavelmente, um brilhante intelectual, foi ignorado pelos judeus, desde seus primeiros escritos, por ter passado para o lado dos romanos durante a guerra da Judéia, quando havia sido incumbido da defesa da região mais sensível: a Galiléia. Por sua vez, os romanos atribuíram pouca importância a seus livros, provavelmente por relatarem acontecimentos para eles insignificantes; afinal de contas, a tomada de Jerusalém por Tito não passava de uma peripécia na história do império e a Judéia era apenas uma das regiões afastadas que manifestavam a onipotência de Roma sobre o mundo habitado. Na melhor das hipóteses, *A guerra dos judeus* não passava de uma obra que acrescentava o testemunho precioso de um de seus atores à glória – aliás, incontestada – da dinastia dos Flávios. Os próprios historiadores romanos limitaram-se a dedicar algumas linhas a esses acontecimentos, e a única referência à posição privilegiada de que teria usufruído na corte em decorrência da proteção imperial provém do próprio Josefo. Esse é o principal problema de sua obra, que constitui uma fonte abundante, mas isolada, dos acontecimentos narrados e da vida de seu autor.

Sua obra, porém, não deixou de ser comentada, pelas mesmas razões que a tornam suspeita de parcialidade: fonte isolada dos acontecimentos ocorridos durante o início do cristianismo – a queda de Jerusalém, a destruição do Templo, o exílio dos judeus –, ela foi, durante muito tempo, por falta de outros dados, uma referência obrigatória. Além disso, ela chegou a ser com freqüência "requisitada": bem cedo, houve quem tentasse utilizar seus relatos como comprovante da realidade histórica de Jesus. Tratado como "ícone", como símbolo suscetível de unificar múltiplos desejos e projeções, Josefo não deixou de ser traduzido (e saqueado); assim, no decorrer dos séculos, a obscuridade que domina praticamente a totalidade de sua vida permitiu todo o tipo de suposições. A esse respeito, diremos o que é necessário, já que, em nosso entender, o interesse de Josefo encontra-se em outras áreas.

Sua obra é um magnífico testemunho da dificuldade para transpor em palavras um acontecimento *traumático*, quando a força do abalo provocado por ele excede a capacidade de acolhimento de quem pretenda ser sua testemunha, ainda que se sinta profundamente afetado por isso e tenha perdido completamente suas referências identitárias: derrota militar, destruição do Templo, interdição de residência, eliminação do nome da cidade e da pátria (Jerusalém passa a se chamar *Ælia Capitolina* e a Judéia, *Philistina* = Palestina), exílio em Roma... A perda da soberania nacional significará que Deus rompeu, temporária ou definitivamente, Sua Aliança? Qual o papel desempenhado pelos romanos em Seu desígnio? Como permanecer judeu sem o Templo: "espiritualizando" ou deslocando sua Tradição?

De uma forma mais geral, como dar sentido ao que transvaza por todos os lados para preservar uma base a partir da qual continuar? Josefo, ator e autor da própria narrativa, e preocupado com sua sorte, tenta fazer história do que é possível compreender a partir do acontecimento, prestando a necessária atenção para evitar qualquer ofensa a seus protetores romanos e procurando não fazer má figura perante os judeus que havia abandonado.

Trata-se de História e não de *romance*, nem de *lamentação*: tentativa de ordenamento refletido – por conseguinte, argumentado –, produção de uma causalidade que possa explicar o encadeamento de todos os efeitos observados. Portanto, a partir de sua própria obra, procuraremos sublinhar, se não o pensamento – ainda em ação – de um historiador, pelo menos o que nos parece ser o resultado frutífero do trabalho de racionalização empreendido por Josefo: uma tentativa original de conciliação entre dois mundos – o judeu e o romano – para culminar em uma visão única da História.

Além de relatar acontecimentos circunstanciados, a obra de Josefo pretendia ser um empreendimento pedagógico destinado ao mundo culto de sua época: escrita em grego, língua universal do império, ela deseja pôr-lhe ao alcance toda a história universal desde a criação do mundo, colocando em perspectiva a história singular do povo judeu...

Começando com a descrição da guerra do ano 70, na Judéia – *A guerra dos judeus* –, Josefo acrescenta, uma dezena de anos mais tarde, uma narrativa – *As antiguidades judaicas* – que, remontando às origens da humanidade, estende-se até sua época. A história do povo judeu escrita por Josefo é constituída por uma paráfrase da Bíblia que completa, em relação a seu tempo, uma compilação de fontes históricas, em parte perdidas.

No final, é anunciada uma reflexão destinada a refutar os ataques desferidos, no mundo romano, contra os judeus: esse é o conteúdo de seu livro *Contra Apião*.

Trata-se de uma obra meditada, informada, dotada de uma incontestável coerência, se excetuarmos um texto – escrito às pressas e impropriamente chamado *Autobiografia* – que será analisado de forma detalhada. Documento precioso, repleto de hesitações e incoerências – imperceptíveis nos outros escritos – que acabam fortalecendo a hipótese segundo a qual a perspectiva propriamente histórica de Josefo é profundamente determinada por sua história individual ou, pelo menos, do que é possível saber a esse respeito: as informações fornecidas por ele dissimulam, mas também revelam, seu destino verdadeiramente excepcional.

Comecemos pelo percurso do indivíduo, que pode ser considerado rocambolesco; em seguida, analisaremos seu projeto histórico e sua importante produção que, atualmente, está sendo reeditada.

1
Ensaio biográfico[1]

Antes de tudo, convém lembrar o estatuto da Judéia em 37, ano do nascimento de Yosef ben Matitiahu ha-Cohen. As relações entre Roma e a Judéia — inicialmente cordiais – degradaram-se nitidamente com a chegada de Pompeu à Palestina, no ano 63. Desembaraçados da dominação dos selêucidas, desde a época dos macabeus[2], em meados do século II a.C., os judeus haviam assinado, e em seguida confirmado, um tratado de amizade com Roma, por cujo poderio tinham grande apreço. Quando os romanos se apoderaram da Síria, Pompeu aproveitou a ocasião de uma crise dinástica para entrar em Jerusalém. A partir dessa época, a Judéia tornou-se um protetorado

---

1. É desnecessário dizer que, considerando a unicidade da fonte, todas as informações disponíveis dependem da confirmação da tradição indireta.
2. Selêucidas: dinastia helenística que reinou na Síria e em uma parte do Oriente helenístico de 305 a 81 a.C., fundada por Seleuco I Nicátor (c. 355-c. 280 a.C.), general macedônio, lugar-tenente de Alexandre Magno.
   Macabeus: de Judas chamado *Macabeu* – palavra hebraica que significa "martelo", epíteto de Judas Asmoneu (c. 200-160 a.C.) –, herói da guerra contra Antíoco Epífano, rei selêucida, que pretendia introduzir os cultos gregos em Jerusalém; esse cognome foi atribuído a sua família e, em seguida, a seus partidários. A vitória de Judas Macabeu, em 166 a.C., está na origem da festa judaica chamada *das Luzes* (*Hanuca*).

romano, usufruindo no início de uma autonomia de fachada e, em seguida, ficando submetida diretamente ao controle do legado da Síria. Quando Josefo nasceu, os reis da Judéia – Agripa I e depois Agripa II – reinavam sobre um território restrito e não exerciam praticamente nenhuma autoridade, já que esta era exercida por um procurador residente em Jerusalém; aliás, a sucessão de procuradores – às vezes pouco escrupulosos – contribuiu, em grande parte, para o encadeamento das circunstâncias que culminaram na grande revolta do ano 66. Além disso, a dinastia herodiana, da qual faziam parte os dois Herodes da linhagem Agripa, era considerada por uma grande parte da população como usurpadora: ela unira-se, em decorrência dos sucessivos casamentos de Herodes, o Grande, à dinastia asmoniana[3]; por sua vez, Herodes era filho de Antípatro, um idumeu – ou seja, um não-judeu – que se servira do apoio dos romanos para tomar o poder. O reino de Herodes, o Grande, atingiu dimensões consideráveis, mas Agripa I reinou apenas quatro anos sobre o território do avô; quanto a Agripa II, este limitou-se a reinar sobre territórios periféricos e ia para Jerusalém somente para participar de festas religiosas. Em outras palavras, constituída no ano 44 a.C., a província romana da Judéia apenas tolerava, com fins pacificadores, uma presença monárquica judaica inteiramente submetida a Roma.

Oriundo, provavelmente, de uma família aristocrática e sacerdotal, Josefo recebeu a formação de um jovem de boa família que remonta – ele fez questão de sublinhar este ponto – aos asmonianos. Tratava-se de um letrado que freqüentou as diversas "escolas de pensamento"

---

3. Asmonianos: dinastia fundada por João Hircano I (filho de Simão Macabeu que, por sua vez, é irmão de Judas), em 135 a.C., reuniu em suas mãos sacerdócio e poder político até a queda de Jerusalém (ano 70 d.C.).

do judaísmo de seu tempo. Convém conservar um certo distanciamento em relação aos termos que ele utiliza em suas obras para levar em consideração seu cuidado em adaptar para o público romano, amplamente helenizado, os conceitos utilizados; o que apresentou como escolas filosóficas, à maneira das escolas gregas que exerciam uma grande influência em Roma, não passavam de movimentos, ao mesmo tempo intelectuais e religiosos, cujas relações – muitas vezes conflitantes – reencontravam-se nas lutas internas que opunham os atores da guerra de 66.

Josefo fez uma série de "estágios" entre os fariseus, os saduceus e os essênios: três grupos que, habitualmente, eram designados pelo nome de seitas; todavia, essa denominação não tinha o caráter pejorativo que lhe é atribuído em nossos dias. A existência de tais grupos está bem comprovada; no entanto, sua estrutura permanece obscura. Nessa época, os fariseus constituíam, de longe, a corrente mais popular e progressista, contrariamente à imagem deixada pelos Evangelhos a seu respeito; em relação à *Torá*, a Lei de Moisés, o farisaísmo adotava uma atitude interpretativa – a partir de regras extremamente codificadas –, produzindo e expondo a *Halakha* ou lei rabínica. Essa corrente é a mais bem conhecida, uma vez que o Talmude desenvolveu-se no âmbito dos círculos farisaicos; de certa forma, pode-se dizer que eles garantiram a continuidade do judaísmo após a queda do Templo. Conforme consta, os saduceus, ao contrário, limitavam-se a uma prática bastante rigorosa da letra da Lei escrita; esse movimento era representado sobretudo nos círculos aristocráticos e fornecia o maior número de *cohanim* (plural de *cohen*), ou seja, os sacerdotes, cuja função foi suspensa com o desaparecimento do Templo, único lugar em que o serviço divino adquiria algum sentido. Por sua vez, as informações relativas aos essênios são extraídas, essencialmente, das obras de Josefo[4]; trata-se de uma seita cujos membros seguiam uma vida fundada no rigor e na observância de regras draconianas – por exemplo, a castidade. Eles mantinham uma vida comunitária e a admissão de novos adeptos exigia a passagem por um certo número de ritos de iniciação; pode-se dizer que os essênios representavam uma visão idealista do farisaísmo, com o qual compartilhavam várias crenças, em particular a crença na imortalidade da alma e em uma eventual ressurreição – o que era recusado pelos saduceus.

Josefo teria passado algum tempo com Bano, um eremita bastante representativo da multiplicidade das seitas que floresciam nessa época. Esse *cursus* – que levanta um problema insolúvel de cronologia – mostra a abertura de espírito que nosso autor pretendia exibir diante de seus leitores. Assim, somente depois de ter procurado "informar-se da forma mais plena e concreta possível", escolheu abraçar a seita farisaica – que poderia ser qualificada de "moderada" –, o que enfatiza, uma vez mais, sua intenção de aparecer como um homem ponderado; aliás, essa escolha foi a mais criteriosa, já que os fariseus foram os únicos a sobreviver após a queda do Templo, no ano 70. Veremos que se tratou de uma escolha de cunho tanto político quanto religioso, mas que concorda perfeitamente com a visão josefiana da História. Em conformidade com suas origens, e ainda segundo suas afirmações, ele estudou para ser sacerdote e doutor da Lei,

---

4. Antes da descoberta dos *Manuscritos do Mar Morto* ou *de Qumran*, em 1947, nossas únicas fontes profanas para esse período eram – além de Josefo – Filo de Alexandria (15 a.C.-50 d.C.) e Plínio, o Velho (23-79). Atualmente, admite-se que esses *Manuscritos* fariam referência a uma comunidade essênia que estava separada ou se refugiara nesse local no momento da guerra; no entanto, esse material ainda está longe de ter revelado todos os seus segredos.

aliás superdotado para sua idade – o que nos permite apreciar o orgulho constante do personagem. Considerando suas origens "legitimistas", seria possível esperar que ele tomasse uma orientação saducéia; se é que essa escolha não foi "reescrita", devemos, portanto, admitir que nosso autor possuía, desde jovem, a consciência dos desafios e forças antagonistas. A crítica não deixará de qualificá-lo como oportunista, o que pode ser aceitável porque, em seus textos, nada deve ser realmente excluído, até mesmo a sinceridade, quando esta faz parte de seus planos...

De qualquer modo, Josefo gozava de suficiente prestígio para participar de uma embaixada enviada a Roma em 64; com sucesso, ele defendeu a causa de alguns sacerdotes que, por um motivo desconhecido, haviam sido presos pelo procurador da Judéia. Essa viagem faz-nos vislumbrar os círculos judaicos de Roma que, provavelmente, desempenharam um considerável papel no momento em que Josefo se tornou o historiógrafo dos Flávios (dinastia que, do ano 69 a 96, governou o Império Romano com Vespasiano, Tito e Domiciano). Durante essa primeira viagem ele encontrou o mímico favorito de Nero, um certo Alituro, que o apresentou à imperatriz Popéia, cognominada "piedosa", o que pode, talvez, significar sua origem judaica ou, simplesmente, sua "simpatia" pelos judeus.

Essa viagem teve uma importante conseqüência: completamente fascinado por Roma, Josefo ficou convencido de que os romanos eram os senhores do mundo, tanto pela organização militar – cuja apologia fará mais tarde – quanto pela irradiação intelectual. Ele não foi o primeiro a experimentar tal sentimento, se pensarmos em Dionísio de Halicarnasso ou em Políbio[5], assim como

---

5. Dionísio de Halicarnasso (54 a.C.-8 d.C.): escritor grego radicado em Roma, orador, retórico, crítico literário criterioso e historiador; foi

em outros judeus que haviam visitado a cidade. Essa era a imagem predominante na Judéia na época em que judeus e romanos mantinham, de longe, relações amistosas. Não deve ser excluída, completamente, a hipótese segundo a qual Josefo teria guardado algumas reminiscências dessa visão idealista que foi modificada, de uma forma brutal, pela chegada de Pompeu. Vê-se que o personagem que retornou a Jerusalém no momento da generalização da revolta estava pouco disposto a colocar-se à frente de tropas revolucionárias decididas a sacudir o jugo romano. Mas, eis o paradoxo: precisamente esta foi a situação que acabou por impor-se rapidamente.

Ainda nesse aspecto, convém ser prudente: a sublevação do ano 66 não pode ser imaginada como um movimento de inspiração nacional com o intuito de recuperar a independência. Parece tratar-se, sobretudo, de rivalidades entre as diferentes facções judaicas. Certamente, o poder romano fazia sentir, de forma dura, seu controle sobre a Judéia e as exações cometidas pelos últimos

---

autor, em particular, de *Sobre a eloqüência de Demóstenes*, *Tratado sobre a imitação*, *Sobre Dinarco*, *Sobre Tucídides* e *As antiguidades romanas* – em 24 livros, dos quais dez chegaram até nós.

Políbio (200-112 a.C.): grande historiador grego, comandante de cavalaria da Confederação Aquéia, foi designado entre os mil aqueus deportados para Roma a fim de serem julgados, depois da vitória do general romano Paulo Emílio, em Pidna (168 a.C.); escolhido tutor dos filhos desse general, acabou estabelecendo uma amizade duradoura com o mais novo deles – Cipião Emiliano –, o qual acompanhou em suas campanhas militares na Gália e na África – circunstância que lhe permitiu ser testemunha da queda de Cartago, em 146. É autor presumido de um *Tratado de tática*, de um *Tratado sobre as regiões equatoriais*, de uma *História da guerra da Numância* e de *Histórias* – em quarenta volumes, dos quais resta um terço. Teve a percepção clara, notável em um contemporâneo dos acontecimentos, da posição a que Roma havia chegado no mundo mediterrâneo. Políbio procura, sistematicamente, as causas dos eventos: "Nada, seja provável ou improvável, pode acontecer sem uma causa".

procuradores, os atos irrefletidos – tal como a tentativa de introduzir o culto imperial no Templo, durante o reinado de Calígula –, constituem outros tantos elementos a serem levados em consideração na evolução ulterior dos acontecimentos. No entanto, devemos lembrar, sobretudo, que a Judéia vivia em um perpétuo contexto messiânico, como é testemunhado pelas inumeráveis seitas que não cessavam de florescer: apesar de ser apenas um eremita, a personagem que Josefo nos descreve com o nome de Bano é um exemplo do que ocorria no período. Na mesma época, a Judéia transbordava de pequenos grupos de todas as tendências que, às vezes, reivindicavam o movimento de libertação que remonta ao tempo dos macabeus, tais como os zelotes, ou, então, simples chefes de bandos, à semelhança dos "herdeiros" de Judas, o Galileu, que se notabilizara, no início do século, por protestar contra o recenseamento imposto por Roma; esses grupos eram permeados por tendências em que, às vezes, verificava-se a mistura, de forma indistinta, de religião, lucro ou real sonho de independência. Finalmente, e sobretudo, estaria fora de questão imaginar a Judéia como um Estado, ainda menos como um Estado-Nação: atravessada por todas as influências, percorrida regularmente pelas tropas dos vizinhos, a Judéia era formada por cidades de estrutura helenística, em que a comunidade judaica já se encontrava, praticamente, em Diáspora, assim como por aldeias onde era possível se deparar com idumeus convertidos ao judaísmo; nesses lugares, as pessoas falavam um certo número de línguas que, de modo algum, pressagiavam a filiação a uma religião qualquer. Em suma, todas as possibilidades estavam representadas. O único ponto de acordo de todos os judeus entre si era a preeminência de Jerusalém e que o centro para o qual todos convergiam era o Templo, embora haja uma exceção: na verdade, há muito tempo que os samaritanos[6] estavam, oficialmente, rompidos com o Templo e prestavam culto no monte Garizim. Convém não esquecer os essênios, com quem Josefo conviveu; segundo os *Manuscritos de Qumran**, seriam verdadeiros dissidentes. Aliás, é muito mais difícil estabelecer a data de sua ruptura com o Templo.

Em 66, desde o início dos acontecimentos, verificou-se o enfrentamento de dois grupos principais. Se antes a agitação era essencialmente rural, nesse momento os adversários disputam o poder em Jerusalém. Nesse cenário, antes de tudo, os romanos desempenharam o papel de comparsas ou, no melhor dos casos, de detonadores. Ao reagirem às exigências do procurador Floro, os insurretos, que eram os elementos mais violentos dos pequenos grupos evocados, apoderaram-se da cidade baixa, onde se encontrava o Templo. Por sua vez, os notáveis moderados – essencialmente, os fariseus e o rei Agripa II – tentaram desalojá-los a partir da cidade alta. Os revoltosos apoderaram-se de toda a cidade depois da expulsão de

---

6. Samaritanos: seita judaica da Samaria – antigo Reino do Norte de Israel. Sua população mista nunca conheceu o judaísmo estrito que, depois do exílio na Babilônia (586-538 a.C.), foi implantado na Judéia. Para rivalizar com Jerusalém, os samaritanos chegaram a erigir um templo no monte Garizim, destruído em 128 a.C pelo rei judeu João Hircano; eles reconhecem apenas o *Pentateuco* e, ainda em nossos dias, praticam uma forma de judaísmo pré-talmúdico.

* Qumran: lugar situado a noroeste do Mar Morto, no qual se encontram as ruínas de uma espécie de mosteiro, onde viveu uma comunidade de essênios desde meados do século II a.C. até 68 d.C., e cuja existência é mencionada pelos historiadores Flávio Josefo, Tácito e Plínio. À distância de uns mil metros há umas grutas nas quais, a partir de 1947, foram encontrados manuscritos em hebraico, aramaico e grego dos séculos II-I a.C. e I d.C. – de acordo com dados arqueológicos, prova do carbono... – contendo o texto de quase todos os livros do Antigo Testamento. Outros manuscritos permitem conhecer a vida da comunidade, assim como vários aspectos da vida judaica nos tempos de Cristo. Os documentos teriam sido enterrados durante a guerra dos judeus contra os romanos, em 70; segundo parece, os promotores dessa operação teriam a intenção de recuperá-los mais tarde. (N. T.)

Agripa e do fracasso das tropas romanas em restabelecer a ordem. Parece que, então, os moderados sobreviventes teriam procurado um compromisso com os mais determinados, o que explica a escolha de Josefo para governar a Galiléia. A seqüência da guerra é a história da radicalização das posições, o que levou ao cerco de Jerusalém por Tito e à visão fornecida de tal operação por Josefo e Tácito[7], ou seja, a de uma cidade ameaçada pelo inimigo, enquanto os mais violentos combates se desenrolavam no interior, opondo os judeus entre si. O papel aglutinador das legiões romanas foi, portanto, limitado. O episódio terá, porém, um valor mítico, apesar de menos significante do que o de Massada (cf. *infra*).

De todos esses acontecimentos, cuja complexidade impede que possamos relatá-los de forma detalhada, convém fixar que Josefo, membro do grupo dos notáveis moderados, foi incumbido – por um "governo" que, por sua vez, subsistirá apenas alguns meses – de fortificar a Galiléia contra os romanos, apesar de estar convencido, assim como a maior parte dos membros de seu grupo, de que tal resistência estava fadada ao fracasso.

Dois relatos paralelos – e muitas vezes discordantes – mostram-nos Josefo na Galiléia: trata-se, por um lado, de *A guerra dos judeus* e, por outro, da *Autobiografia*. Voltaremos a comentar tais divergências. Por enquanto, observemos que, aparentemente, Josefo desempenhou seu papel com lealdade; apesar disso, foi rapidamente atropelado pelos acontecimentos a partir do momento em que se verificou a propagação da "sedição", que passou a sofrer influências locais. A guerra civil, desencadeada em um contexto urbano, estendeu-se, com efeito, a todo o país, com as diferentes facções dilacerando-se entre si.

---

7. Tácito (55-118): cônsul, procônsul na Ásia Menor, autor de *Diálogo dos oradores*, *Histórias* e *Anais*.

A legitimidade de Josefo foi, provavelmente, de curta duração e as lutas intestinas em Jerusalém comprometeram seriamente sua posição.

Na realidade, sua participação nas operações foi limitada a um curto período, mesmo que a leitura de suas obras deixe a impressão contrária. O episódio seguinte da guerra que interessa diretamente a Josefo situa-se em Jotapata, uma das cidades da Galiléia que ele havia fortificado. Estamos em 67 e Josefo envidou seus esforços, essencialmente, para lutar contra João de Giscala, um dos chefes locais, e Justo de Tiberíades, que mais tarde tornou-se seu principal rival como historiador. Considerando graves os acontecimentos da Judéia após o fracasso do cerco de Jerusalém, seguido do massacre das legiões do legado da Síria no desfiladeiro de Beth Oron, Nero enviou Vespasiano, acompanhado pelo filho, Tito, para a região. Em breve Josefo ficou cercado em Jotapata com suas tropas; é aí que se situa o episódio mais controverso de sua carreira. Josefo esforçou-se em relatar minuciosamente as circunstâncias de sua captura, o que haveria de suscitar reações de inimizade. Veremos que esse episódio adquire um sentido que coloca em jogo toda sua concepção da História, pelo menos tal como ele a reconstruirá uma quinzena de anos mais tarde.

A situação dos sitiados é de tal forma dramática que Josefo planejou, inicialmente, abandonar a cidade, mas sua proposta foi rejeitada pelo povo e por seus companheiros. Ao ser lançado o golpe final pelos romanos, nosso herói – com efeito, trata-se de uma narrativa de aventuras – refugiou-se com quarenta notáveis em uma cisterna, enquanto na superfície tudo estava transformado em cinzas; o balanço oficial é de 1.200 prisioneiros e 40 mil mortos. O esconderijo foi rapidamente descoberto em decorrência de uma denúncia. Por desejarem capturá-lo vivo, os romanos enviaram dois emissários para convidar Josefo a entregar-se; e era essa, precisamente, sua intenção! Mas seus companheiros o impediram e ameaçaram matá-lo se tentasse se entregar aos romanos. Entretanto, Josefo, segundo suas próprias palavras, sentiu-se investido de uma missão divina e recusou-se definitivamente a morrer; portanto, teria necessidade de encontrar um ardil. Depois de um longo discurso para demonstrar que o suicídio era uma loucura, Josefo teve de aceitar a evidência: não havia convencido ninguém. Uma vez que os outros haviam tomado a decisão do suicídio coletivo, ele conseguiu convencer seus companheiros de cativeiro a se submeterem a um sorteio, ou seja, à vontade de Deus: cada um seria degolado por aquele que ocupasse a posição seguinte na ordem definida pelo sorteio.

> Sua proposta pareceu sincera, tendo conseguido convencer seus companheiros a procederem ao sorteio. Conforme a ordem designada, cada um deixou-se degolar por aquele que ocupava a posição seguinte, com a certeza de que também o general iria morrer mais tarde, porque eles julgavam mais agradável morrer com Josefo do que sobreviver.
> Finalmente, por casualidade ou, talvez, por uma ação da Providência de Deus, ele era um dos dois sobreviventes: preocupado em evitar ser condenado pela sorte ou, se viesse a ser o último, em manchar suas mãos no sangue de um compatriota, ele o convenceu a permanecer vivo, sob palavra de honra. (*A guerra dos judeus*, III, 389-91)

Por ser tão pouco verossímil, esse relato mereceu ser citado *in extenso*; o mais surpreendente é que tenha sido escrito. Para explicar sua existência, convém admitir que Josefo já estava convencido de seu papel pessoal e capital para a continuidade do judaísmo por ocasião dos fatos, ou que tenha adquirido tal convicção em Roma.

De qualquer modo, Josefo entregou-se ao emissário romano e logo depois compareceu diante de Vespasiano, predizendo-lhe que este ostentaria a púrpura imperial.[8] Essa faculdade de previsão é explicada pelo próprio autor que, tanto no início da *Autobiografia* quanto em *A guerra dos judeus*, lembra que é membro da primeira classe sacerdotal, oriundo de uma família de sacerdotes, tendo, portanto, acesso a práticas desse tipo. Pouco crédulo por natureza, mas impressionado por essas palavras, o camponês pragmático que era Vespasiano conservou Josefo como prisioneiro, provavelmente em Cesaréia, cidade helenística – fundada no início do século por Herodes – que servia de base às legiões romanas; seu próprio nome era o símbolo da subordinação dos reis da Judéia ao imperador.

O relato de *A guerra dos judeus* continua até a tomada de Jerusalém, em 70, e inclusive até a queda de Massada, fortaleza do sul da Judéia, ocupada desde 66 por extremistas contrários aos notáveis de Jerusalém e tomada pelos romanos em 72 ou 73. Mas Josefo desapareceu de sua narrativa, redigida inteiramente na terceira pessoa. Alguns elementos complementares podem ser extraídos da *Autobiografia*, cuja falta de precisão deixa insatisfeito um leitor a quem havia sido prometido, finalmente, lançar luz sobre os episódios que haviam permanecido obscuros em *A guerra dos judeus*.

A versão oficial, confirmada, em parte, pela publicação das obras de Josefo, é que nosso autor teria sido libertado por Vespasiano após sua proclamação como imperador por suas tropas, em 68-69. Segundo Josefo, tal gesto deve ser visto como um sinal de reconhecimento:

---

8. O Talmude da Babilônia – Tratado *Gittin* 56, a-b – atribui essa predição a Yohanan ben Zakkai, o futuro fundador da Academia de Yavneh. Ver, mais adiante, capítulo 6.

o imperador ter-se-ia lembrado de sua profecia... O fato é que Josefo passou a viver em Roma e, sob o patrocínio romano, escreveu o relato da guerra adquirindo o estatuto de historiógrafo dos Flávios, como fica demonstrado pelo ponto de vista pró-romano adotado em todas suas obras.

Depois de ter corrido os maiores riscos servindo de intérprete aos romanos sob as muralhas da Jerusalém sitiada, Josefo passou uma temporada em Alexandria e, depois, embarcou com destino a Roma. Em sinal de reconhecimento, o imperador prodigalizou-lhe numerosas vantagens de ordem pessoal... e Josefo aproveitou os favores do poder para obter a libertação de alguns compatriotas. Por ordem de Tito, ele desposou uma mulher com a qual teve três filhos; mas acabou por repudiá-la, talvez por motivos religiosos. Sua segunda esposa, judia de Creta, deu-lhe outros dois filhos. Eis, mais ou menos, tudo o que o autor nos fornece a respeito de sua vida privada.

O nome de Flávio Josefo, sob o qual é conhecido em nossos dias, não aparece em suas obras. Pode-se conjeturar que, ao tornar-se cidadão romano, ele teria recebido os *tria nomina*: aquele que se chama Yosef, filho de Matitiahu, teve de adotar o prenome de Flávio em homenagem a seus protetores, os Flávios, do mesmo modo que um de seus compatriotas, Tibério Júlio Alexandre, sobrinho do filósofo judeu Filo de Alexandria, havia recebido seu prenome de Tibério. Os *tria nomina* de Josefo, que alguns completam com o de Tito (*Titus Flavius Josephus*), são apenas hipotéticos, embora prováveis.

De sua existência em Roma, sabemos apenas que foi aceito na corte e que teve sua situação privilegiada confirmada pelos três Flávios, apesar de ter sofrido ataques repetidos, tanto dos romanos quanto dos judeus, o que é perfeitamente compreensível. Ele teria adquirido também o direito, segundo suas palavras, a uma estátua no Fórum... É possível imaginá-lo como favorito de Tito, graças à influência de Berenice, irmã do rei Agripa II; é possível imaginá-lo como objeto de desdém de uma grande parte da comunidade judaica de Roma; é possível transformá-lo em vítima da purga subseqüente ao assassinato de Domiciano, em 96. Tudo é possível, uma vez que nenhum documento confirma ou desmente tais hipóteses. É preferível limitarmo-nos aos textos que nos revelam, como veremos, um homem notavelmente coerente, mesmo em suas contradições. Ignora-se até a data de sua morte. A única obra explicitamente datada – *As antiguidades judaicas* – foi escrita, diz ele, "no décimo terceiro ano do reinado do imperador Domiciano, que corresponde ao meu qüinquagésimo sexto ano de vida", o que situa o livro em 93-94. Por sua vez, *Contra Apião* – texto polêmico que pretende defender o judaísmo – é o último a ser publicado, já que se refere, de forma explícita, às obras anteriores. E é tudo.

Josefo provavelmente tenha passado os últimos anos de sua vida em Roma, escrevendo muito e tendo a possibilidade de consultar os arquivos imperiais, assim como uma impressionante documentação histórica. Ora, essa obra – fonte única, conforme já foi afirmado, para quem se interessa pela história da queda do segundo Templo – assume tais proporções que, além de sua visão universal, dá testemunho – como é observado pela maior parte dos críticos e, ainda recentemente, por Pierre Vidal-Naquet[9] – de um sentido perfeitamente notável da continuidade do judaísmo.

---

9. Cf. P. Vidal-Naquet, *Les Juifs, la mémoire et le présent*, Paris, Seuil, 1995. (Col. Points)

2
Alguns problemas relacionados à transmissão dos textos

Habitualmente, os problemas de transmissão dizem respeito apenas à história literária; mas em Josefo, como já foi dito, existe uma estreita ligação entre todos os aspectos. Para além do verdadeiro quebra-cabeça que, inevitavelmente, representa a edição dos textos antigos – estado das cópias, aditamentos, lacunas, erros de copistas, etc. –, a obra de Josefo obriga-nos a questionar seu estatuto inicial e sua transmissão pois, afinal, esses escritos deveriam ter um número restrito de leitores.

Tais problemas não se colocam, de forma uniforme, para os diferentes livros de Flávio Josefo; começaremos pelo fim.

A transmissão dessa obra até nossa época deve-se, em grande parte, a dois trechos que, com toda a evidência, mostram uma falsidade bastante grosseira. Nas milhares de páginas do *corpus* josefiano, não há nenhuma linha sobre o cristianismo; eis algo de surpreendente. Não esqueçamos, por exemplo, que Josefo foi para Roma no mesmo ano em que, nessa cidade, ocorreu um gigantesco incêndio relatado pelos historiadores; ora, tal evento foi atribuído aos cristãos, que constituíam um excelente bode expiatório. Se, em seus primeiros tempos, o cristianismo foi percebido, freqüentemente, como uma seita judaica – em particular fora da Palestina –, é quase certo que, até mesmo em Roma, no final da década de 60 e, com mais força, na década de 90, sua peculiaridade já havia sido reconhecida. De qualquer modo, Josefo não poderia ter negligenciado esse movimento, cuja considerável extensão em todo o império deveria levá-lo a refletir sobre a amplitude da catástrofe sofrida pelo judaísmo; com efeito, este sobrevive apenas em estado confidencial, na Judéia, e ainda deverá esperar numerosos anos antes de produzir o *corpus* talmúdico que garantirá sua continuidade.[1]

Desse silêncio em relação aos cristãos pode-se deduzir qualquer coisa, de modo que tal exercício só poderá ser estéril. De qualquer forma, se Josefo tivesse tomado posição relativamente a este problema, ele teria ocasião de abordá-lo de forma profusa. Ora, acontece que dois curtos trechos destoantes quebram tal silêncio. Nos livros XVIII e XX de *As antiguidades judaicas*, o leitor deslumbrado descobre uma profissão de fé cristã que, apesar de ser quantitativamente limitada, não deixa de estabelecer a divindade de Jesus de forma perfeitamente canônica.

> Por esta época, vivia Jesus, homem sábio, se é que devemos considerá-lo simplesmente um homem. Ele foi o autor de atos prodigiosos e ensinava os homens capazes de acolher, com júbilo, a verdade. Além de numerosos judeus, foi seguido por um grande número de gregos. Esse era o Cristo. Quando Pilatos, por causa das acusações das autoridades da nossa nação, condenou-o a ser crucificado, todos os que o haviam amado mantiveram sua ligação com ele. Com efeito, no terceiro dia depois da crucificação, ele apareceu-lhes ressuscitado, conforme

---

1. Na época, o Talmude encontrava-se em via de constituição em Yavneh, por tolerância especial do imperador Vespasiano, após a queda e a destruição do Templo.

havia sido anunciado pelos profetas de Deus, que, além disso, predisseram que ele faria outros atos maravilhosos. Ainda hoje subsiste o povo que, por sua causa, recebeu o nome de cristãos. (*As antiguidades judaicas*, XVIII, 63-4)

Então, [o sumo sacerdote Anás, o Jovem] convocou os juízes do sinédrio e mandou comparecer diante deles um homem chamado Tiago, irmão de Jesus – a este era atribuído o nome de Cristo –, assim como outros homens. Depois de acusá-los por terem transgredido a Lei, condenou-os a serem apedrejados. (Idem, XX, 9)

Tal perfeição não pode deixar de ser suspeita; trata-se, provavelmente, de um aditamento, de uma interpolação devida ao zelo de um copista, impossível de datar, mas anterior ao século IV, momento em que começa a ser mencionada. No entanto, esse trecho fez que Josefo continuasse a ser lido nos meios cristãos mesmo quando o judaísmo não via nenhum interesse em conservar a obra de um trânsfuga, culpado, em vários aspectos, de ter contribuído para o desmoronamento do que a memória judaica reconstruirá – em parte equivocadamente – como a idade dourada de um Estado-Nação que, no sentido próprio, nunca havia existido.

Por sua vez, os cristãos felicitavam-se por terem à disposição o reconhecimento de sua autenticidade por parte de um eminente membro da Sinagoga! Pode-se dizer, portanto, que esses dois trechos, repertoriados sob o nome evocador de *Testimonium Flavianum*, constituem o equivalente do que é a narrativa da guerra da Judéia para os romanos: um testemunho de primeira mão por parte do vencido sobre a supremacia do vencedor. Esse "testemunho" acabou sendo utilizado em todas as épocas e em todos os sentidos. Assim, os textos de Josefo foram muito citados por Voltaire a fim de sabotar os fundamentos tanto do cristianismo quanto do judaísmo; ao mesmo tempo que considerava Josefo o mais detestável dos autores, ele extraiu de sua obra, sistematicamente, os aspectos indubitáveis da "perfídia" de Israel.

Existe um outro problema ainda mais difícil de resolver. De que maneira esse letrado judeu, que não domina a língua grega – conforme é comprovado pela leitura da *Autobiografia* –, teria conseguido produzir uma obra tão abundante em um idioma que nem sequer é o grego comum (*koiné*) – língua veicular de todo o mundo mediterrâneo –, mas uma língua que recorre freqüentemente a preciosismos, de tal modo que pôde ser qualificada como *aticizante*, ou seja, que marca o retorno à prosa ática clássica da época de Tucídides?[2] O problema é tanto mais agudo pelo fato de que é o próprio Josefo que confessa não dominar bem a língua dos autores que, às vezes, "ele" acaba imitando de forma confusa.

> Em relação à guerra e ao detalhamento dos fatos, escrevi um relato verídico por ter assistido pessoalmente a todos os acontecimentos. [...] Não deixei escapar nenhum fato. Na realidade, eu anotava com cuidado não só o que se passava à minha frente nas legiões romanas, mas ainda as informações dos desertores de quem eu era o único intérprete. Em seguida, durante meu tempo livre em Roma, e depois de ter concluído inteiramente a preparação de minha história, pedi a ajuda de algumas pessoas

---

2. Tucídides: historiador ateniense (460-395 a.C.), autor de *A guerra do Peloponeso*, considerada uma das mais importantes obras históricas de todos os tempos, notável por seu estilo conciso, direto e nítido, por sua imparcialidade e seu método científico, pela percepção que o autor demonstra da conexão causal entre eventos, assim como por seu raciocínio penetrante a propósito de questões políticas.

em relação ao grego, e foi assim que relatei os acontecimentos para a posteridade. (*Contra Apião*, I, IX, 47)

As famosas ajudas mencionadas por Josefo, nesse trecho, suscitaram as mais extravagantes teorias: pode-se pensar, razoavelmente, que o trabalho de redação final tenha sido confiado a colaboradores encarregados de garantir o aspecto propriamente literário que, nessa época, devia ser apresentado por qualquer obra de historiador. A única exceção é a *Autobiografia*, que foi escrita de forma precipitada por razões que serão abordadas ulteriormente.

Ainda nesse aspecto, e apesar de parecer secundário, o problema toma seu lugar no questionamento a que deve ser submetido quem se apresenta como historiador, como tradutor e, sobretudo, como pedagogo. Ele pretende trazer a pedra angular do judaísmo à edificação de uma história universal que, por enquanto, estaria totalmente nas mãos de Roma; e, nessa história, ele ocuparia uma posição de primeiro plano... A helenização da Judéia é um velho problema que remonta, no mínimo, aos selêucidas, e que continuará a ser levantado pela literatura talmúdica. Por intermédio da língua, existe aí um ponto de contato altamente delicado entre judaísmo e filosofia.

Pode-se tentar reconstituir o processo de um trabalho de escrita que, provavelmente, começa logo após a fixação de Josefo em Roma. De maneira oficial, ele se vê obrigado a justificar os favores de que usufrui, em particular seu alojamento no palácio imperial, com o relato dos acontecimentos da Judéia para glorificar a nova dinastia. Para isso, ele utiliza todos os arquivos imperiais e começa por uma narrativa em sua língua materna, simplesmente porque não tem nenhuma razão de conhecer o latim, pelo menos o suficiente, para redigir uma obra de tal envergadura. A língua utilizada é, certamente, o aramaico – língua semítica próxima do hebraico e do samaritano; nessa época, o hebraico não passava de uma língua litúrgica, dominada apenas pelos letrados.[3] Oficialmente, essa primeira versão é destinada ao mundo judaico, isto é, a uma Diáspora restrita ao mundo oriental. Não há nenhuma razão para duvidar desse ponto, mas pode-se também ver nesse texto um ensaio de escrita, uma primeira configuração dos acontecimentos vividos por uma testemunha privilegiada. Pode-se, igualmente, pensar que Josefo pretende elaborar, dessa forma, um primeiro ensaio de justificação de seu papel na guerra; no mundo judaico, como se pode imaginar, nem todos são seus amigos. Finalmente, não se deve excluir a hipótese de que o incentivo para esse empreendimento tenha vindo das "esferas superiores", já que se trata de fornecer uma visão pró-romana desses acontecimentos a populações que se encontram sob a dominação dos romanos; ainda sob esse aspecto, o que haverá de mais eficaz do que se servir de um judeu para convencer seu povo a aceitar o papel universal de Roma? Se essa obra foi escrita com a mesma perspectiva adotada pelos que vão segui-la – e é impossível ter absoluta certeza a esse respeito –, trata-se de mostrar, nem mais nem menos, que o papel predominante de Roma estava inscrito no plano divino, e é ao Deus dos judeus que se faz referência aqui.

A obra que possuímos sob o título de *A guerra dos judeus* é apresentada por seu autor como uma tradução grega do original em aramaico; eis o sinal de que sua atividade havia atingido uma certa envergadura. Aliás, a escolha da língua grega é justificada em várias oportunidades. Uma versão em latim não teria passado de uma apologia dos Flávios no mundo romano; além disso, convém ter presente que o latim era amplamente minoritário se tomarmos como referência o território controlado por

---

3. Talvez ainda falado por uma minoria.

Roma nesses anos fastos. Escrever em grego era, em primeiro lugar, dirigir-se a todos os letrados, a tudo o que conta no campo intelectual. Não é um acaso se, na mesma época, os Evangelhos são escritos nessa língua, já que se trata de fornecer-lhes a mais ampla difusão possível. Em segundo lugar, era dirigir-se, dessa vez, a toda a Diáspora, ou seja, a pessoas que, apesar de sua origem judaica, não tinham nenhum motivo para conhecer as línguas da Judéia, visto que, há várias gerações, viviam afastadas desse território. Além disso, imaginaremos que, como sublinha Pierre Vidal-Naquet[4], a Diáspora começava na própria Judéia, pois nessa região existiam construções bem recentes: por exemplo, Cesaréia, cidade planejada segundo um modelo tipicamente helenístico. Outro exemplo muito significativo e longe de ser isolado: o grego era o idioma mais adequado para atingir a impressionante comunidade judaica de Alexandria. Por último, Josefo deveria ser capaz de escrever em grego, em um padrão conveniente, mesmo que tivesse dificuldade de chegar à fase da redação final e, sobretudo, fosse praticamente impossível mencionar esse conhecimento. Com efeito, o helenismo era altamente suspeito na Judéia. A revolta dos macabeus – que conduziu à nova emergência de um reino judaico – foi desencadeada exatamente contra a helenização imposta pelos seleucidas. De fato, na época helenística, a Judéia encontrava-se entalada entre os lágidas[5] e os seleucidas, que disputavam esse território estrategicamente "sensível". Toda a história da Judéia dá testemunho dessas lutas de influência entre "o rei do Norte e o rei do Sul"; pode-se, razoavelmente, pressupor que

---

4. P. Vidal-Naquet, Prefácio de *La Guerre des Juifs*, Paris, Minuit, 1977.
5. Lágidas: dinastia egípcia (323-30 a.C) fundada por Ptolomeu, que era filho de Lagos e general de Alexandre Magno.

um jovem aristocrata, como Josefo, cuja educação não poderia deixar de ser particularmente sofisticada, possuísse rudimentos do grego, em decorrência de suas relações com os círculos do poder, sendo perfeitamente capaz de falar tal idioma, embora com sotaque... A helenização deixou, necessariamente, vestígios, e, em um país tão diversificado – por exemplo, relativamente ao estatuto das cidades –, a única língua comum a todas essas pessoas só poderia ser o grego, mesmo que os judeus, em particular na época talmúdica, demonstrassem uma total ignorância desse idioma.

Essa "tradução" do aramaico para o grego não deve ser entendida no sentido estrito. Traduzir é tornar algo compreensível para o outro; ora, a concepção de Josefo relativamente à tradução literal vem à tona quando, por exemplo, ele se refere à tradução da Bíblia. Traduzir implica uma transposição total dos conceitos para adaptá-los à língua de chegada. Portanto, convém conceber os dois livros – se aceitarmos que *A guerra dos judeus* apóia-se em uma primeira versão aramaica – como duas versões dos acontecimentos totalmente independentes uma da outra, sem serem fundamentalmente contraditórias. Tal prática implica uma verdadeira visão da História, é claro.

Para redigir essa obra, Josefo baseou-se em uma abundante documentação, em grande parte fornecida por seus patrocinadores. Para o período da guerra propriamente dita, sua qualidade de historiador foi complementada pela de testemunha ocular, o que, na historiografia antiga, correspondia a um argumento inapelável. Como essa visão estava diretamente limitada à Galiléia, os arquivos romanos teriam contribuído para reconstituir a seqüência das operações, incluindo a tomada de Massada, se admitirmos a hipótese provável de que, em 70, Josefo encontrava-se em Roma. O problema das fontes é mais delicado relativamente ao período que precedeu os acontecimentos. Com efeito, *A guerra dos judeus* não começou em 66: Josefo procura as causas do conflito desde a "fundação" do reinado na época dos macabeus, além de proceder a uma apresentação detalhada do período herodiano e das lutas de sucessão que permitiram aos romanos estabelecer seu protetorado sobre o território. Com esse objetivo, Josefo utilizou os escritos históricos da Bíblia, essencialmente o *Livro dos Macabeus*. Todo esse material foi trabalhado por redatores que lhe deram o toque final, chegando, às vezes, a rechear o texto com alusões aos mais variados – de qualquer modo, aos mais célebres – modelos históricos ou estilísticos. Para a crítica, existem motivos para formular esta pergunta: em que medida Josefo é o autor de suas obras?

Ainda nesse aspecto, ir à caça dos modelos revela-se frutífero, tão frutífero que o exercício torna-se rapidamente estéril. Acaba-se, assim, por reconstituir toda a literatura grega... Se pretendermos, então, determinar o número de auxiliares de Josefo, encontraremos resultados que variam consideravelmente, tornando-se necessário proceder à sua classificação; é o que se faz, freqüentemente, ao adotar as afinidades literárias do "escritor" como critério. Tal redator teria uma preferência por Tucídides; em um outro, seria possível observar a recorrência de reminiscências virgilianas*... O exercício foi muito praticado e não obteve nenhum resultado. Em compensação, a hipótese de J. Bernardi continua sendo a mais interessante: ele sugeriu que esses famosos auxiliares poderiam ser, igualmente, censores, oficiais ou oficiosos, encarregados de garantir a conformidade ideológica de Josefo com a política imperial, assim como o tratamento suficientemente

---

* Referência a Virgílio (70-19 a.C.), poeta latino que, com sua grande epopéia, *Eneida*, revelou a grandeza do Império Romano. (N. T.)

glorificador dos imperadores.⁶ Essa hipótese tem o mérito de explicar a presença de alguns aramaísmos ou hebraísmos no texto: desse modo, nossos "controladores" teriam procedido somente a intervenções pontuais; caso contrário, ou seja, se tivessem empreendido um trabalho detalhado, o texto grego teria eliminado totalmente as inépcias de sua fonte. A não ser que, em vez de redatores, seja conveniente falar de corretores...

Todas essas questões, cuja solução permanecerá eternamente em suspenso, têm a vantagem de mostrar a importância de tal obra e a amplitude de suas implicações, não só para a história dos textos, mas também para a História propriamente dita. Resta-nos examinar um *corpus*, tendo plena consciência da imprecisão de seus dados e evitando cair na armadilha da reconstrução *fantasmática*. Uma coisa é certa: depois de ter concluído a apologia da política romana na Judéia, Josefo continuou a escrever. Sua obra nunca teria assumido tal amplitude se tivesse sido apenas um trabalho de encomenda, a quitação de uma dívida ou, ainda pior, o cumprimento de um contrato que consistiria em glorificar o inimigo em troca da vida salva; para começar, teria sido perfeitamente inútil proceder a um recuo no tempo para escrever *A guerra dos judeus*. Mas, sobretudo, não haveria nenhum motivo para publicar *As antiguidades judaicas* ou *Contra Apião*, na medida em que somente *Autobiografia* foi resultado de uma causa objetiva, a qual, conforme veremos mais adiante, coloca em questão todo o edifício. Tal postura equivale a enunciar o problema da seguinte maneira: Josefo não se tornou romano porque, simplesmente, permaneceu judeu até o fim, mesmo quando tal reivindicação deixou de ter qualquer interesse. Ao ler seus textos de

---

6. Cf. J. Bernardi, "De quelques sémitismes de Flavius Josèphe", em *Révue des Études Grecques*, 100, 1987, p. 18-29.

forma mais atenta, percebe-se que, provocado talvez pelas circunstâncias, acabou elaborando um projeto de envergadura, ou seja, o de escrever a história do povo judeu, desde a criação do mundo – portanto para uso dos não-judeus –, enunciado logo nas primeiras linhas de *A guerra dos judeus*. Esse projeto é conduzido com sucesso em *As antiguidades judaicas*, obra em que são anunciados os escritos ulteriores relativos à Lei judaica; aliás, o livro *Contra Apião* retoma tais referências. É permitido, então, questionar-se a respeito do momento em que teria surgido esse desígnio. Não pode ser totalmente descartado que, no esconderijo de Jotapata, preocupado pelo projeto imediato de salvar a vida – reflexo pouco recomendável, mas indubitavelmente "natural" –, Josefo tenha pensado realmente em um projeto de transmissão a longo prazo. Se houvesse apenas a retórica para justificar *a posteriori* um ato de covardia, é forçoso reconhecer que uma obra inteira – e, provavelmente, toda a vida real associada a tal obra – colocou-se, no mínimo, em conformidade com essa construção retórica; portanto, existe uma continuidade histórica de fato que merece ser confrontada com o texto que ela produziu.

3
O projeto do historiador: história romana do povo judeu

Josefo quis ser e foi judeu e romano: eis o que nos revela a própria existência de sua obra. Essa dupla identidade – assimilada rapidamente, por alguns, a uma duplicidade que se ajusta perfeitamente à personagem – não é excepcional em um mundo oficialmente bilíngüe. Mas, se é verdade que tanto a historiografia romana quanto a grega dependem de um universo comum, o termo cria imediatamente problema desde que o pensamento judaico seja levado em consideração. Em seu sentido mais corrente, a historiografia judaica surge apenas na Idade Média. Na verdade, é "a partir" do conceito grego que os textos podem ser questionados relativamente a seu "teor" em História. Certamente, alguns livros da Bíblia podem receber o qualificativo de "históricos" na medida em que Deus intervém no que chamamos o tempo da História. É evidente que a narrativa da criação do mundo suscita o problema da História; curiosamente, pode-se dizer que não se trata de História porque, aí, tudo é História. Os escritos de *Qumran* – além dos textos que, por convenção, são designados de pseudepígrafes[1] do Antigo Testamento – integram acontecimentos mais

---

1. Pseudepígrafe: livro cuja autoria é colocada ficticiamente sob o nome de um antigo.

ou menos contemporâneos que, em nossos dias, a ciência histórica incluiria em seu campo de investigação. Mas, naquela época, estaria fora de questão uma História em seu sentido primeiro de pesquisa sobre acontecimentos passados, mais ou menos submetida à prova da razão, e sobre as condições em que tais eventos poderiam ter ocorrido ou sobre a busca do encadeamento das causalidades.[2]

Eis, precisamente, o que se torna problemático em Josefo, quando ele retoma, por sua conta, os escritos bíblicos para inscrevê-los em uma continuidade histórica ou quando aborda acontecimentos vividos para associá-los a conceitos religiosos. No século X, é publicado o *Sefer Yosippon* (cf. mais adiante, capítulo 6); trata-se de um livro em hebraico, inspirado profusamente em *A guerra dos judeus*, mas sem qualquer referência a sua fonte, e que atribui a narrativa da queda de Jerusalém ao pensamento judaico "oficial". Ora, sem aprofundar a análise do *Yosippon*, é possível encontrar o Josefo original: entretanto, o desconhecimento de nosso autor nos meios judaicos é de tal ordem que alguns continuarão, voluntariamente ou não, a recusar a similitude entre os dois textos; outros, pelo contrário, ao pretenderem ter feito a redescoberta dos primórdios da historiografia judaica, conservarão durante algum tempo a convicção de que se trata do original escrito, segundo o próprio Josefo, em sua língua materna – lembremos que, mais provavelmente, teria sido em aramaico –, que foi, em seguida, traduzido para o grego. Nos dois casos, a influência do autor sobre a escrita da história de sua comunidade é manifesta; no entanto, considerar Josefo,

---

2. A questão, demasiado complexa, das relações entre História e memória no judaísmo é apresentada com bastante clareza, em particular, por Yosef Yerushalmi, *Zakhor*, Paris, La Découverte, 1982.

a partir desse pressuposto, como o "Tucídides judeu" é um tanto precipitado, pois, por um lado, ele não teve uma posteridade imediata e, por outro, o que o seguiu cronologicamente foi, de uma forma global, a literatura *rabínica*, que não poderia receber o qualificativo de histórica. Além disso, sua obra inscreveu-se perfeitamente no âmbito do mundo greco-romano; porém não há dúvida de que ele teve a ambição de rivalizar com os maiores historiadores.

Mas do "lado judeu", se é que podemos falar assim, encontramos um outro personagem que levanta o problema da História ou, no mínimo, da relação entre Deus e o tempo humano – essa é, aliás, a única perspectiva pela qual o problema pode ser abordado aqui. Tal personagem é o *profeta*, aquele que transmite a palavra divina e pode ser levado a pronunciar-se sobre a temporalidade dos acontecimentos: "isso já aconteceu, isto vai acontecer". Ele chega mesmo – embora raramente – a arriscar uma periodização. Ora, como vimos, Josefo fazia parte dessa categoria de personagens: ao predizer a Vespasiano a próxima investidura como imperador, ele assumiu a função de profeta e, nesse caso concreto, a profecia dizia respeito a uma existência humana situada no tempo da história. A partir desse pressuposto e sabendo que Jeremias[3] é a principal figura profética da Bíblia, Josefo não se fez de rogado e proclamou-se o novo Jeremias; aliás, não era por curiosidade intelectual que ele escrevia, mas por ter recebido a missão de introduzir Israel na história universal de seu tempo, se encararmos os acontecimentos sob o ângulo da historicidade ocidental.

---

3. Jeremias (c. 650-c. 580 a.C.), testemunha da tomada de Jerusalém por Nabucodonosor e exilado no Egito, era partidário de um judaísmo "espiritualizado", tendo proferido oráculos contra a falsa confiança depositada no Templo e em seu culto.

Ora, em sua opinião, tratava-se de mostrar, acima de tudo, que Israel havia sido o "primeiro" a ser escolhido e, daí em diante, estava junto de Roma no desenrolar do plano divino. Assim, compreende-se melhor o esforço para adaptar-se a seu público: seus leitores romanos aprenderiam que a Judéia não era um território afastado do império que apareceu temporariamente na narrativa em decorrência de uma revolta rapidamente reprimida; pelo contrário, eles ficariam sabendo que participavam da história de Israel, que, por enquanto e por motivos ainda não totalmente esclarecidos, tornou-se indigno do papel que Deus lhe havia fixado. Os judeus deixaram de ser dignos da Aliança que Deus havia firmado com eles, e, por aquela época, essa missão era desempenhada por Roma com a ajuda de Deus, conforme demonstravam claramente os acontecimentos recentes.

Princípios adotados

O "método" utilizado por Josefo é, portanto, tributário dessa visão. É assim que *A guerra dos judeus* se abre com um trecho retórico surpreendentemente semelhante a Tucídides; apesar de ser possível pressupor a influência de um dos famosos "redatores", ela não deixa de fornecer todo o programa da obra.

> A guerra dos judeus contra os romanos é a mais importante não só de todas as guerras de nossa época, mas também de todos os conflitos desencadeados entre cidades ou povos narrados pela tradição histórica. Há pessoas que, mesmo não tendo assistido aos acontecimentos e limitando-se a coletar contos fantasistas e contraditórios oriundos de fontes orais, escrevem a história de tais eventos servindo-se de toda a retórica possível, enquanto outras, tendo sido testemunhas oculares, falsificam os

fatos com a intenção de bajular os romanos ou por terem ódio aos judeus; por conseguinte, seus escritos estão repletos de invectivas ou de louvores, sem qualquer preocupação com a exatidão exigida pela história. Por isso, decidi-me a redigir a narrativa de tais eventos para uso de todos os súditos do Império Romano, tendo traduzido para o grego o relato escrito na minha língua materna que, precedentemente, eu havia enviado para os bárbaros das regiões montanhosas. Com efeito, no início da guerra, eu – Josefo, filho de Matitiahu, sacerdote de Jerusalém – combati contra os romanos e, por força das circunstâncias, assisti ao desenrolar dos acontecimentos. (*A guerra dos judeus*, I, 1-3)

Josefo escreveu em nome da verdade, do estrito respeito pelos fatos e por seu encadeamento... Tal profissão de fé correspondia ao lugar-comum da historiografia antiga. Qualquer autor colocava-a no início de sua obra, quase sempre para transgredi-la com a maior boa-fé do mundo. Na realidade, a História, além de narração dos acontecimentos passados, é – às vezes antes de tudo – uma obra *literária*; portanto, utiliza todos os recursos da retórica, obedece a critérios estéticos, faz tudo para agradar a um público que deverá ser seduzido e instruído. Tal postura não impede que a História seja o desvelamento de uma verdade (*aletheia*) que, até então, permanecia oculta. O poeta, o historiador e o profeta têm, portanto, uma palavra específica a dizer no próprio âmago da narrativa histórica. Como ilustração, lembremos que Tucídides, de forma detalhada e segundo as regras mais brilhantes da eloqüência, esmerava-se em reconstituir discursos que não poderia ter escutado (cf. por exemplo, o livro V de *A guerra do Peloponeso*).

Nessa primeira obra, Josefo introduziu um elemento destinado a convencer o público helenístico, ou seja, a *autópsia*.[4] Além de historiador, compilador e pesquisador, foi testemunha ocular e até mesmo ator: eis, na Antiguidade, a garantia de competência absoluta. O valor de seu testemunho tornou-se ainda maior na medida em que, a essa competência, acrescentou uma afirmação de humildade e de inevitáveis bajulações em relação a seus protetores. No entanto, o final da introdução dessa obra é categórico. De fato, desde os primeiros parágrafos, encontra-se exposto o que acabou constituindo o tema principal de *Contra Apião*: afirmação da antiguidade do povo judeu, defesa contra seus detratores e acusação de incompetência lançada contra os historiadores gregos. Poderíamos dizer que, nesse ponto, Josefo estava reivindicando o monopólio da narrativa sobre esses acontecimentos, monopólio que lhe foi garantido pela força das circunstâncias e pelas deficiências da tradição manuscrita. Essa afirmação convencional do critério relativo à verdade é retomada até o final da obra; no entanto, o leitor não deixa de ser reconhecido como o juiz supremo de sua qualidade.

Em *As antiguidades judaicas*, tal ambição foi exposta de forma diferente. Por não ter participado dos acontecimentos, Josefo contentou-se em trabalhar como "tradutor".

> Empreendi a presente obra, traduzida dos livros hebraicos, pensando que ela seria digna da atenção de todos os gregos: minha intenção é contar toda a nossa história antiga, além de expor nossas constituições. (*As antiguidades judaicas*, I, 5)

A experiência pessoal passou para o segundo plano, mas, paralelamente, o historiador serviu-se do prestígio

---

4. Autópsia: do grego, *autós*, de si mesmo, e *ópsis*, ação de ver, ou seja, "ver com os próprios olhos".

que lhe conferiu sua obra anterior, devidamente aprovada pela autoridade imperial. Dessa vez, poderíamos dizer que se trata de uma obra "gratuita". E assim foi apresentada pelo próprio Josefo que, ao mesmo tempo, afirmou a continuidade entre as duas, em outros termos: "Cumpro minhas promessas, o que comprova *a posteriori* a coerência do projeto inicial e a validade de minha obra precedente".

A obra *As antiguidades judaicas* descreve, como já foi dito, o período que transcorre desde a criação do mundo até o início da guerra. Apesar de ser um complemento da obra precedente – da qual menciona algumas partes –, ela não se dirigia aos mesmos leitores: nela, tratava-se verdadeiramente de estabelecer o vínculo com o mundo romano; já não havia necessidade de pressupor leitores judeus que, supostamente, teriam o domínio desses conceitos. Já não era a verdade que estava em jogo, mas o tratamento das fontes, assim como o aspecto pedagógico; a apologia, igualmente, assume aí contornos mais precisos.

Mas não se tratava de um empreendimento isolado. O mundo romano já havia levantado problemas semelhantes a ilustres predecessores: nesse aspecto, a tentativa de Dionísio de Halicarnasso é impressionante. À semelhança de Josefo, ele procurou interpretar o fenômeno "Roma" na economia da história mundial; entretanto, suas conclusões são, talvez, ainda mais claras do que as de Josefo, porque não viveu em uma corte imperial. Seu ponto de partida foi também diferente: tratava-se de apresentar os romanos aos gregos, que continuavam convencidos de sua superioridade intelectual sobre esses "horríveis bárbaros". O fascínio exercido – assim como em Josefo – pelo poderio romano, levou Dionísio a afirmar que os romanos não eram bárbaros, tanto mais que têm origem grega, incluindo seu idioma! Evidente até mesmo em seus elogios aos romanos, o orgulho grego de Dionísio só se equipara ao orgulho nacional de Josefo.

Afinal de contas, os romanos são bem-sucedidos não por serem judeus, evidentemente, mas em decorrência da fraqueza do povo judaico e da força que lhes foi conferida pelo Deus dos judeus: eles eram dignos de figurar na história judaica.

Em várias oportunidades, Josefo teve o cuidado de explicar ao leitor sua maneira de proceder como historiador. O empreendimento historiográfico foi acompanhado pela defesa do povo judeu: nesse aspecto, pode-se afirmar que Josefo escreveu tanto por dever quanto por necessidade: estava incumbido de uma missão – é claro, divina –, que consistia em anunciar ao mundo a escolha de Israel. Não será esse o papel do profeta? Tal tarefa tornou-se mais difícil na medida em que a redação de suas obras ocorreu em um momento em que o papel triunfante do *povo eleito* era, justamente, desmentido pelos fatos, que, pelo contrário, pareciam mostrar a escolha de Roma.

Como bom retórico, Josefo defendeu-se, no Prefácio, de qualquer tentação de vanglória e de interesse pessoal, limitando-se a indicar dois motivos que, por si, constituem uma profissão de fé historiográfica.

> Aqueles que tentam escrever história, segundo me parece, estão motivados não por uma única razão, mas por várias, bastante diferentes entre si. De fato, desejando manifestar seu talento literário e ávidos por conseguir a reputação conferida por essa atividade, alguns lançam-se com ardor nesta área de estudos; outros, para bajular os personagens evocados por sua narrativa, investem nesse trabalho um esforço tão grande que, em alguns casos, pode ser superior a suas forças; outros, ainda, sentem-se obrigados, pela pressão dos acontecimentos de que eles próprios haviam participado, a mostrá-los da maneira como se desenrolaram através de uma apresentação de conjunto; por fim, muitos são levados a publicar, visando ao

interesse geral, a história de acontecimentos que, apesar da utilidade de serem conhecidos, permanecem ignorados. Orientei-me por essas duas últimas razões: na verdade, vivi a guerra que nós, os judeus, travamos contra os romanos, acompanhei seus diferentes episódios e seu desfecho; assim, senti-me forçado a narrá-la, de forma detalhada, por causa das narrativas anteriores, que haviam manifestado menosprezo pela verdade. Empenhei-me em escrever a presente obra, traduzida dos livros hebraicos, pensando que ela seria digna da atenção de todos os gregos: minha intenção é contar toda a nossa história antiga, além de expor nossas constituições. (*As antiguidades judaicas*, I, 1-5)

Em vez de brilhar ou de bajular, convém enfrentar a dificuldade e a necessidade de informar... Ora, algumas linhas mais adiante, Josefo dedicou o livro a um protetor, benquisto na corte, Epafrodita, destinatário de toda sua obra. Não teria sentido criticar essa atitude na medida em que essa era ainda a lei vigente.

Mais interessante é a dualidade da iniciativa: *A guerra dos judeus* foi publicada por necessidade, ou seja, para restabelecer a verdade; por sua vez, *As antiguidades judaicas* é, exclusivamente, uma obra de interesse geral. Portanto, Josefo se pretendia "um historiador contra sua vontade", que, apesar disso, se apaixonou pela atividade a tal ponto que a acabou assumindo plenamente; aqui encontramos, também, a figura do profeta, que, muitas vezes, cumpre sua missão por obrigação.

De qualquer modo, o historiador protegeu-se (?) por trás do tradutor e a evocação do episódio da *Carta de Aristéias*[5] constitui uma ilustração suficiente de que este

---

5. *Carta de Aristéias*: escrito apócrifo grego (século I a.C.), supostamente redigido em Alexandria por um oficial de Ptolomeu II (283-246 a.C.)

personagem é um ser religioso, um profeta no sentido próprio do termo. O aspecto mundano da cultura, rejeitado desde as primeiras linhas, foi substituído pela "atenção", pelo interesse que os gregos podem manifestar pelo povo judeu. Ora, essa é justamente a questão: além da simples curiosidade, que interesse pode ter o mundo grego e romano por um pequeno país vencido que, daí em diante, havia sido transformado em uma província do império entre tantas outras? Será conveniente, portanto, encontrar o meio de apoiar esse interesse, e a palavra "tradução" deverá adquirir um sentido particular. Eis o que veremos mais adiante.

Ainda resta analisar a iniciativa apologética. Apesar de estar presente desde *As antiguidades judaicas* – o que nos leva a relativizar seu aspecto "gratuito", que foi proclamado em alto e bom som –, ela assumiu toda a sua dimensão em *Contra Apião*. Uma vez mais, esse livro começa, se é que se pode falar assim, por um resumo dos episódios precedentes. Obra polêmica, destinada a refutar os argumentos do antijudaísmo "comum", esse tratado não passa de um estudo sobre a antiguidade do povo judeu. Como se vê, Josefo apreciava a mistura de gêneros, contanto que esses gêneros se apoiassem em distinções que fossem acessíveis.

Nesse livro encontramos uma profissão de fé do historiador: a verdade, ainda e sempre, assim como a experiência de um pesquisador que se baseava nos mais

---

que, além de elogiar a superioridade do judaísmo relativamente ao paganismo, narra a história lendária da composição da Bíblia da *Septuaginta*. A *Septuaginta* (do latim, *septanta* = setenta, abreviado LXX, ou seja, os 70 sábios que, segundo a *Carta de Aristéias*, teriam produzido essa tradução) é a mais importante das versões gregas da Bíblia hebraica e sua composição – obra do judaísmo alexandrino – estendeu-se por cerca de trezentos anos, tendo sido concluída no século I a.C; era usada pelos judeus de língua grega, portanto também pela maior parte dos primeiros cristãos.

antigos documentos, o que era uma garantia de autenticidade. Tratava-se de mostrar, nem mais nem menos, que os historiadores egípcios – sempre considerados com reverência – conheciam e respeitavam os judeus, enquanto os historiadores gregos os caluniaram ou se enganaram a seu respeito.

Até o presente, observamos um silêncio obstinado em relação ao que, comumente e de forma bem equivocada, é designado por *Autobiografia*. Nossa intenção é voltar ao assunto em um capítulo ulterior, porque essa obra, centro de todas as controvérsias em torno de Josefo, revela – talvez mais do que dissimula – o sonho de seu autor e seu projeto historiográfico.

Em resumo, vemos que Flávio Josefo adotou os princípios preconizados pelos historiadores – necessariamente gregos e latinos – de seu tempo: relatar os acontecimentos do passado apoiando-se em documentos – e, sempre que possível, na *autópsia* –, sem excluir de modo algum o que, à sua volta, era designado por *exornatio* (ornamento oratório) porque, além de ser um trabalho de escrita, a História é uma obra de arte e visa à edificação dos leitores. Eis o que fica demonstrado, por exemplo, quando Josefo apresenta a lei mosaica nos seguintes termos:

> Mas, antes de tudo, desejo descrever esta constituição conforme à reputação de virtude de Moisés e, por seu intermédio, dar a conhecer nossas instituições, desde as origens, a meus leitores; em seguida, retomarei a seqüência de minha narrativa. Escrevi tudo conforme ele tinha consignado; não acrescentei sequer um ornamento ao que foi deixado por Moisés. No nosso texto, a novidade é a classificação das matérias, assunto por assunto; na verdade, ele as deixou escritas sem uma ordem, à medida que recebia instruções parciais de Deus. Julguei necessário começar por essas advertências com medo de

que as pessoas de nosso povo que vierem a ler esta obra possam acusar-nos de termos cometido algum erro. (*As antiguidades judaicas*, IV, 196-7)

Por esse exemplo, vemos que a exposição dos documentos, apesar de apresentada em bruto, foi submetida ao julgamento de seu autor, impelido por uma "necessidade" absolutamente subjetiva que convirá apreciar. Tendo assumido o papel de um historiador grego ou romano que tivesse adotado o judaísmo como objeto de estudo, Josefo manteve estranhas relações com suas fontes: oriundo do judaísmo e pretendendo permanecer em seu seio, ele empenhou-se em considerá-lo com o olhar externo que lhe era exigido pelo procedimento histórico; eis o que complicava ainda mais a tarefa já difícil do historiador, na Antiguidade, que sentia a obrigação de ornamentar suas fontes para seduzir o leitor, sem deixar de exibir um estrito respeito pelos limites impostos pela documentação e pela verossimilhança.

Modelos e fontes

Tucídides judeu, Tito Lívio* grego, segundo são Jerônimo[6], o tradutor da Bíblia para o latim (*Vulgata*). Na verdade, todos os seus predecessores foram citados: por exemplo, seria possível isolar determinados trechos, aparentemente secundários, e evocar Heródoto.[7] Vamos contentar-nos em apresentar alguns paralelismos.

---

* Tito Lívio (c. 59 a.C.-17 d.C.): historiador romano, autor de uma grande história de Roma – *Ab Urbe Condita* – das origens até o ano 9 a.C., em 142 livros, dos quais restam apenas 35. (N. T.)
6. Cf. P. Vidal-Naquet, Prefácio de *La Guerre des Juifs*, op. cit., p. 30.
7. Heródoto: historiador grego (480-420 a.C.), considerado por Cícero como o "pai da História". É autor de uma *Investigação* [em grego, *historía*] – a primeira obra-prima da prosa grega –, cujos quatro primeiros

Instalado em Roma após a guerra de 70, Josefo teve à sua disposição, como já observamos, toda a documentação romana; até teve condições de ler toda a historiografia grega e latina de seu tempo, seja diretamente seja por intermédio de seus contemporâneos. Um homem que publica obras de tal envergadura dispõe necessariamente de secretários e colaboradores, dotados de múltiplas competências; portanto, não será surpreendente que nosso autor se inscreva na continuidade das obras publicadas anteriormente e que se supõe serem amplamente conhecidas por seu público.

Se, como já foi dito, a abertura de *A guerra dos judeus* faz pensar em Tucídides, deve-se, talvez, fazer alusão a Políbio antes de tudo, já que ambos encontravam-se em uma situação semelhante diante de Roma: tendo sido feito refém dos romanos na seqüência da conquista da Grécia, Políbio não deixou de ser benquisto na corte e era assíduo freqüentador do círculo dos Cipiões.

Para Políbio, assim como para Josefo, Roma tornou-se um objeto de admiração; ambos viam a potência romana em plena fase de expansão em detrimento das respectivas pátrias. O historiador grego forjou um instrumento de explicação global de reviravoltas consideradas planetárias: todo o mundo conhecido estava em via de submeter-se à esfera de influência de Roma; ora, se todos esses acontecimentos – passíveis de serem abordados separadamente – convergiam para a consagração de uma nação é porque obedeciam a uma força comum que explica sua coerência. Tratava-se da *Tyché* – ou, em outras palavras, a *Fortuna* –, que tomou o lugar de sua análise racional, permitindo-lhe elaborar a síntese de histórias aparentemente desconexas, quando o indivíduo deixava

---

livros relatam a formação do império persa e os cinco últimos, as guerras persas.

de contar com a causalidade histórica para explicar seu encadeamento. Convém abster-se de considerar tal expediente como o derradeiro recurso para encobrir as carências do historiador: a *Fortuna* era uma divindade que, visivelmente, possuía um plano, cujo objetivo consistia em reunir, sob uma só dominação, os mais insignificantes recantos do mundo conhecido. Assim, o desmoronamento do império de Cartago explicava-se, em parte, porque Roma era mais forte, mas também porque tal ocorrência foi decidida pela *Fortuna*, tanto mais que, derrotados por Aníbal, os romanos poderiam ter ficado sob o domínio cartaginês. Portanto, o historiador tinha a obrigação de procurar as causas humanas dos acontecimentos, mas sem esquecer que tudo estava sob o controle da *Fortuna*.

Essa concepção *finalista* da História pode assemelhar-se à ação da Providência divina em Josefo. De fato, o plano de Deus parecia obscuro aos judeus, que tinham dificuldade em compreender o motivo que teria levado Deus a permitir a destruição do Templo. A causa imediata era clara: os judeus tornaram-se indignos, deixaram-se obcecar pela sedição interna e por interesses pessoais. Portanto, para Josefo, os acontecimentos do século I eram um castigo: a Providência teria outros desígnios em relação a Israel?

Por enquanto, era inevitável constatar que Deus estava do lado dos romanos. À semelhança de Políbio, Josefo preconizava uma dimensão *cósmica* da História: os acontecimentos da Judéia diziam respeito a todo o mundo conhecido; além disso, ao decifrar o passado, o historiador sabia também, como já vimos, tornar-se profeta. Fica por aqui a comparação com Políbio, mas o sentimento de que os romanos eram instrumentos da História – e não tanto seus senhores – é comum a esses dois exilados, seduzidos por seus conquistadores, independentemente de seu nome: Cipião, Vespasiano ou Tito. Políbio exerceu influência, também, sobre Dionísio de Halicarnasso, já citado, que era outro "pensionista" romano, freqüentador dos meios helenizados de Roma; ora, o *Prólogo* de suas *Antiguidades romanas* assemelha-se, estranhamente, ao de seu ilustre predecessor. O "acaso", um dos avatares da *Tyché*, fez que a obra de Josefo sobre as origens do povo judeu tivesse recebido o título de *As antiguidades judaicas*: coincidência ou manifestação de uma cultura comum a seus colaboradores e que seria o fundo comum dos mestres de retórica presentes em Roma nessa época? Tratar-se-ia de leituras empreendidas pelo próprio Josefo ou de estratégias a que atribuiríamos o qualificativo de *editoriais*? De qualquer modo, estabeleceu-se uma filiação de fato entre esses exilados, cujo ponto comum consistia em beneficiar-se de favores em Roma, no terreno dos próprios conquistadores. Certamente, a tese recorrente de Dionísio – os romanos seriam gregos autênticos – nada tem de comum com a de Josefo. Apesar disso, ela permite também explicar a queda, o desastre, por meio de causas que deixam uma abertura para o futuro: ao se considerar os romanos como gregos e ao se reconhecer que tinham alcançado a supremacia pela *Fortuna*, pela Providência, demonstrava-se a continuidade da História, que não cessava de adquirir um sentido, permitindo a sobrevivência dos vencidos, assim como a transmissão de sua cultura. Essa era, aliás, uma das grandes preocupações de Josefo.

Nosso autor serviu-se de modelos; basta mencionar alguns aspectos significativos, que não são os únicos, para mostrar que ele pretendia apresentar-se como historiador *grego* e, com toda a certeza, como historiador romano, por suas tomadas de posição e pelas informações fornecidas sobre a história romana. Além disso, pelo conteúdo de suas obras, ele era um historiador *judeu*, mesmo que sua maneira de apreender a História seja, pela força das circunstâncias, amplamente greco-romana. A utilização da metodologia grega foi, muitas vezes, uma forma de refutá-la com maior consistência, como será o caso, em particular, no livro *Contra Apião*. Ao falar ininterruptamente de "tradução", ele se atribuía precisamente esse papel de articulador: tendo-se tornado o historiógrafo oficial dos Flávios, Josefo inscrevia-se "naturalmente" na tradição historiográfica do mundo conhecido, retomando, por sua conta, o que atualmente designaríamos por "cultura dominante", para abordar a sua em melhores condições.

Quanto às suas fontes, elas são múltiplas. A experiência pessoal que dá legitimidade à obra *A guerra dos judeus* foi complementada por toda a documentação que pôde ser fornecida por uma cidade como Roma. Por exemplo, a descrição da máquina de guerra dos romanos (cf. *A guerra dos judeus*, livro III) ficou célebre com toda a razão: ela só pode estar baseada em uma documentação militar de primeira mão. Os historiadores especializados em Roma fazem uma escolha acertada ao se servirem, com freqüência, da obra de Josefo para a abordagem desse ponto.

Apesar de não ter apresentado seu método de trabalho, o próprio autor deixa-nos vislumbrar algumas de suas leituras – cuja utilização nem sempre é clara. Nesse aspecto, o livro *Contra Apião* é o mais prolixo, na medida em que procede a uma vigorosa crítica da historiografia grega relacionada com os judeus. Além de um testemunho de erudição, os nomes citados constituem uma estratégia argumentativa obrigatória a quem pretenda refutar os procedimentos censuráveis de seus predecessores. O conjunto da obra de Josefo faz referência aos mais eminentes representantes da literatura antiga. Heródoto,

Teofrasto, Hecateu de Abdera e Mâneto[8] são os autores citados com maior freqüência em *Contra Apião*; no entanto, poderíamos mencionar também Políbio, Éforo, Tucídides, Estrabão, Nicolau de Damasco, Teopompo[9] e ainda muitos outros menos conhecidos. Esses autores são simplesmente nomeados ou citados textualmente, sem que seja possível determinar o grau de conhecimento de Josefo a respeito de cada um deles. De qualquer modo, essas referências, de primeira ou de segunda mão, aparecem sempre no momento oportuno dentro da estratégia argumentativa. Mesmo que Josefo não passasse de um compilador, é inevitável reconhecer a eficácia de tal compilação quando se trata de uma polêmica. Além disso, conforme o costume, os predecessores eram citados como outras tantas autoridades incontestáveis; assim, a lista de nomes conhecidos seria suficiente para consolidar a pertinência de suas afirmações, granjeando-lhe o apreço de seus leitores. Como panfleto, o *Contra Apião* é apenas um exercício, e pode-se pensar que o livro se limitou a retomar as fontes desses modelos imediatos. Com efeito, sabe-se que existia – em particular na comunidade de Alexandria – um verdadeiro *corpus*, mais ou menos

---

8. Teofrasto (372-287 a.C.): filósofo grego, sucessor de Aristóteles na direção do Liceu.
   Hecateu de Abdera (final do século IV a.C.): historiador, autor de uma obra sobre os judeus.
   Mâneto (século III a.C.): sacerdote e historiador egípcio, autor de uma obra em grego, *Crônicas*, na qual classificou os faraós em 31 dinastias – esta classificação é reconhecida pelos historiadores modernos.
9. Éforo (400-330 a.C.): autor de uma *História universal*.
   Estrabão (58-c. 23 d.C.): geógrafo grego, autor de uma preciosa *Geografia*.
   Nicolau de Damasco (século I a.C.): poeta grego que acompanhou o amigo Herodes, o Grande, em sua viagem a Roma; tendo suscitado os favores de Augusto, foi autor de *Vidas de César* e de uma *História universal*.
   Teopompo (c. 378-c. 323 a.C.): orador e historiador grego.

consistente, que tinha o mérito de estar disponível para ser utilizado em caso de ataque antijudaico e que deveria ser bastante útil quando caía nas mãos de um polemista convicto. Para se avaliar a qualidade do repertório literário utilizado por Josefo, seria esclarecedor comparar sua obra com uma outra desse tipo escrita por Filo de Alexandria. Infelizmente, desse trabalho de Filo de Alexandria restam apenas as citações do próprio Josefo.

Tratando-se das duas principais obras, ou seja, *A guerra dos judeus* e *As antiguidades judaicas*, as coisas são mais claras e, ao mesmo tempo, mais complexas. Os dados imediatos das campanhas militares dos Flávios não deveriam ter suscitado nenhum problema para um historiógrafo oficial. Quanto às suas lembranças, supôs-se, durante muito tempo, a existência de notas pessoais, escritas no calor da hora, que teriam sido retrabalhadas, mais tarde, para conferir-lhes uma forma oficial e, sobretudo, ideologicamente "correta". Além de parecer bem pouco verossímil, essa hipótese – muito cômoda para resolver as estranhas relações que uniam a *Autobiografia* ao resto da obra – não encontra apoio em nenhum elemento textual tangível. Como é que nosso herói, prisioneiro dos romanos, refugiado em sua cisterna, em Jotapata, poderia ter conservado documentos que, aliás, teria sido obrigado a carregar durante suas peregrinações pela Galiléia? Tal prática teria transformado Josefo em um outro Júlio César: ele não teria deixado de referir-se a tal façanha... Pode-se ter a certeza de que *A guerra dos judeus* baseou-se em um trabalho de arquivos e de memória pessoal, no que diz respeito ao período da guerra propriamente dita; para o período precedente, que remonta à revolta dos macabeus, ele utiliza essencialmente Nicolau de Damasco e os livros históricos da Bíblia, chamada *Septuaginta* – em particular, o 1º Livro dos Macabeus.

A identificação das fontes de *As antiguidades judaicas* é mais difícil. De fato, entre seus vinte livros, o conteúdo dos onze primeiros apóia-se nos textos sagrados, que Josefo pretende ter traduzido com fidelidade. Mas, sem ser necessário voltar ao estranho sentido que ele dá à palavra "tradução", qual teria sido a Bíblia utilizada por nosso autor? O *cânone* da Bíblia judaica será fixado em Yavneh, após a destruição do Templo, que constitui o marco do início do judaísmo rabínico, e tudo leva a pensar que Josefo não tenha mantido contato com os continuadores – reelaboradores do pensamento judaico. É certo que ele utiliza, freqüentemente, a Bíblia da *Septuaginta*, mas é difícil saber, com precisão, a versão adotada.[10] Além disso, alguns trechos orientam o leitor, de preferência, para o texto *massorético*.[11] Em outras palavras, essa fonte bíblica, cujo tratamento na obra de Josefo poderia ter sido objeto de análise, escapa-nos em sua maior parte; pode-se pressupor que ela não seja uniforme ou, então, que se trata de uma versão hebraica anterior à *Septuaginta*, o que explicaria também as semelhanças com o texto massorético.

Em várias oportunidades, Josefo fala-nos dos anais judaicos que teriam estado à sua disposição em decorrência de sua função de sacerdote: tratava-se, em particular, dos registros genealógicos conservados pela classe sacerdotal do segundo Templo. Ele faz tal alusão no início de sua *Autobiografia*. Pode-se, entretanto, duvidar que esses anais – confundidos por ele, freqüentemente, com

---

10. O cânone adotado por Josefo segue de perto a tradição alexandrina.
11. Texto estabelecido pelos *massoretas* (do hebraico, *massorah*, tradição, transmissão), doutores das escolas rabínicas da Babilônia e da Palestina, cuja inovação mais conhecida é a invenção da notação das vogais, *por baixo* das letras "quadradas" do hebraico dos *5 Livros de Moisés*: Gênesis, Êxodo, Levítico, Números e Deuteronômio.

os escritos sagrados em seu panfleto contra Apião – tenham conseguido subsistir depois do ano 70.

Devem-se acrescentar, ainda, os contatos inevitáveis de Josefo com as outras fontes judaicas de seu tempo que, aliás, só podem ser julgadas através do Talmude, desde que se leve em consideração a enorme defasagem cronológica, impossível de ser avaliada com exatidão.

Quanto ao resto, as fontes históricas são quantitativamente impressionantes e mostram a amplitude da documentação que estava à disposição do historiador em Roma. A análise, ponto por ponto, do tratamento dado por Josefo a essas fontes é um trabalho gigantesco, em contínua elaboração, que não empreenderemos neste livro. Desde agora, fica claro que Josefo, cidadão romano, judeu com plenos direitos, apresenta-se como o redator de uma história do povo judeu, "assumindo" toda a tradição historiográfica greco-latina na medida em que qualquer procedimento histórico depende dessa tradição. Para além do problema da validade dessa obra, da seriedade do método adotado, da intervenção de outros redatores, não deixa de ser verdade que "este empreendimento não teve nenhum modelo", se me desculparem este arremedo afrontosamente anacrônico; acrescentemos que a continuidade de tal feito só ocorrerá muito mais tarde.

Trabalho ideológico

A primeira tarefa de Josefo consistiu em organizar a narrativa da vitória dos Flávios na guerra da Judéia. Ao esquematizar nossa apresentação, poderíamos dizer que Josefo desenvolveu, de forma honesta, seu trabalho de propagandista oficial, sem ter perdido nenhuma ocasião de proceder à apologia do povo judeu: eis um fato impressionante, mas freqüentemente ocultado, na medida em que, ainda hoje, a personalidade do autor continua suscitando reações, às vezes epidérmicas. E, no entanto, essa atitude – cujos motivos não são, com toda a certeza, totalmente recomendáveis – é manifesta desde as primeiras linhas de *A guerra dos judeus*, ou seja, a obra com as mais evidentes implicações ideológicas.

> Quanto às reflexões sobre os fatos, vou organizá-las segundo a ordem da obra, deixando mesmo que meus sentimentos se manifestem em lamentações sobre as desgraças da minha pátria. Que esta tenha sido destruída por uma guerra intestina ou que tenham sido os tiranos dos judeus que levaram a santa mão dos romanos a incendiar o Templo sagrado, a testemunha de tudo isso é precisamente quem o devastou, ou seja, Tito César[12]: no desenrolar da guerra, ele não só teve compaixão da sorte do povo que estava oprimido sob a dominação dos revolucionários, mas também decidiu adiar, mais de uma vez, a tomada da cidade para oferecer aos culpados, ao prolongar o cerco, a oportunidade de se arrependerem. Se alguém critica meu depoimento quando acuso os tiranos e seu bando de salteadores ou quando lamento minha pátria, queira perdoar-me tal desrespeito pelas regras do gênero histórico, atribuindo-o ao meu desgosto. [...] De qualquer modo, o certo é que as desgraças de todos os povos, desde sempre, parecem-me bem inferiores se forem comparadas com o infortúnio dos judeus. [...] Se, porventura, meu juiz for demasiado severo, não se deixando comover por meu sentimento, queira considerar os fatos do ponto de vista histórico e as queixas como um desabafo do escritor.
> (*A guerra dos judeus*, I, 9-12)

---

12. Nessa época, tal qualificativo era atribuído ao imperador em exercício.

Nesse trecho, mostra-se inteiramente a posição dúplice de Josefo. Ela será mantida no decorrer de toda a obra: o papel dos Flávios é claramente definido. Eles teriam feito tudo para evitar o pior. Mas, paralelamente, o papel do judeu Josefo continuará sendo a defesa de seu povo, mesmo quando se tratava de estabelecer sua responsabilidade em suas próprias desgraças. Não esqueçamos que, nesse aspecto, a obra dirigia-se a um público no mínimo duplo, e que o apego manifestado a seu povo de origem poderia ser também uma garantia à estratégia da autenticidade. De qualquer maneira, é verdade que essas duas vozes – a do historiador e a do escritor – ressoam em toda a obra e sua presença teria produzido outros efeitos além dos retóricos.

O número de trechos que prestam homenagem à clemência e à preocupação dos romanos com a pacificação é considerável. Contentar-nos-emos em citar dois fatos capitais para a história da queda do segundo Templo: por um lado, o incêndio e a destruição de Jerusalém, evocados a partir desse Prefácio; e, por outro, a reescrita dos fatos na *Autobiografia* que volta a inflectir a posição do autor no sentido da versão oficial de tais eventos. Observaremos que, em cada circunstância, o "lamento do escritor" intervém como um contraponto que impede entender a redação dessa obra como um simples ato de subserviência ao protetor, o que ela, com toda a evidência, também não deixa de ser.

A tomada de Jerusalém constitui, como seria previsível, o apogeu dramático de *A guerra dos judeus*. Nesse estágio, o ponto de vista "romano" do narrador, presente desde o título – trata-se, efetivamente, da guerra dos judeus contra os romanos e não o oposto –, é o mais apologético possível. De fato, o projeto de levar os leitores judeus helenófonos – portanto, essencialmente, os que vivem na Diáspora – a admitir que os judeus haviam empreendido uma revolta insensata quando tinham tudo a ganhar com a amizade de Roma é razoável e defensável, com a condição de que, na seqüência, não seja contradito pelos fatos.

Anunciada no livro I, a inocência de Tito é reafirmada em várias oportunidades pelo historiador e transparece, por antecipação, no discurso que o rei Agripa profere no Xisto[13] de Jerusalém, na expectativa de que os insurretos viessem a escutar a voz da razão. Ela baseia-se no impressionante contraste oferecido pelo espetáculo da cidade – atormentada pela guerra civil e dilacerada, no mínimo, entre três facções – no momento em que se encontra cercada pelo exército romano, modelo de unidade, organização e eficácia. Como entender, nesse caso, a permissão dada por Tito a seus soldados para destruir a cidade e, sobretudo, incendiar o Templo, no qual os sacerdotes ofereciam, também, um sacrifício cotidiano em honra do imperador?

A tática de Josefo consistiu em tergiversar entre a irresponsabilidade dos judeus e a impotência de Tito para controlar seus próprios soldados no calor da ação. Apesar de ter prometido relatar "a crueldade dos tiranos judeus para com seus compatriotas e a moderação dos romanos em relação a um povo estrangeiro, assim como os numerosos convites dirigidos por Tito, em decorrência de seu desejo de salvar a cidade e o Templo, às facções rivais para concluírem um acordo", o historiador – no livro VI, 5 – foi obrigado a descrever-nos um Tito César atropelado pelos acontecimentos, "impotente para conter o furor de seus soldados, que haviam perdido o controle". O próprio futuro imperador precipitou-se no Templo em chamas; mas, diz-nos Josefo, "o respeito por César ou o temor que lhes inspirava o centurião

---

13. Xisto: espécie de ginásio, nas proximidades do Templo e do palácio dos asmonianos.

que, inutilmente, tentava contê-los eram menos vigorosos do que sua raiva e seu ódio pelos judeus, sem contar com seu ardor guerreiro incoercível [...]. Assim, contra a vontade de César, o Santuário foi incendiado".

É evidente que semelhante raiva, cujo controle havia escapado ao próprio César, não podia deixar de ser conforme ao plano de Deus para Seu povo: eis o que pensava Josefo, e assim será interpretado pelo cristianismo, pronto a ocupar seu lugar. O incêndio do Templo constituía um aspecto cujo valor simbólico não necessitava ser sublinhado; mas era também um ponto de inflexão na evolução do judaísmo do qual voltaremos a falar no final deste livro. Então, os judeus formulavam-se a seguinte pergunta: será possível continuar a ser judeu sem a referência ao Templo? Como é que Deus poderia continuar a manter suas relações privilegiadas com Israel depois de ter rompido o vínculo visível que passava pelo Templo? Sabe-se que vários movimentos oriundos do judaísmo – sem falar daqueles que, à semelhança dos samaritanos e dos essênios, já estavam separados – deram diferentes respostas[14] a essas questões. Voltando a Josefo, pode-se considerar que a redação da história de Israel foi justamente sua resposta, aliás, conforme aos interesses pessoais de "judeu da corte", que era seu caso em Roma.

Portanto, deve-se admitir que, dessa vez, Deus estava ao lado dos romanos... Talvez sobre esse ponto é que se

---

14. Por exemplo, abandonando a identificação nacional-religiosa para avançar em direção à interioridade e tornar-se, no termo do processo, o povo dos cristãos, o *verus* Israel, aquele que terá conseguido reconhecer, em seu coração, a reencarnação do vínculo, aparentemente interrompido, em uma condensação milagrosa: a da Divindade, da Presença Divina e do Templo *na* figura de Jesus: "Jesus respondeu: 'Destruí este templo e, em três dias, eu o reerguerei'. Os judeus, então, disseram: 'Quarenta e seis anos levou a construção deste templo e tu vais erguê-lo em três dias?' Ora, ele falava do templo que é seu corpo..." (Evangelho segundo João, 2,19-21).

tenha efetuado a mais notável fusão entre uma perspectiva profundamente judaica e a técnica literária greco-romana. Ao lermos o parágrafo que, em *A guerra dos judeus*, segue imediatamente a tomada de Jerusalém, podemos perguntar-nos também se não nos encontramos diante de uma *Vita*, no sentido suetoniano[15] do termo. De fato, em Suetônio, a morte do imperador era seguida, sempre, por uma retrospectiva dos sinais sobrenaturais, geralmente astronômicos, que haviam prenunciado – a quem soubesse lê-los – a catástrofe antes de sua eclosão.

No capítulo VI, 5, é possível encontrar todos os sinais precursores da catástrofe e o mais impressionante é que esses sinais constituem o objeto de uma dupla interpretação: a dos falsos profetas, obcecados por sua obstinação e pelo próprio Deus, que os havia condenado a permanecer em sua cegueira, e a dos especialistas das Sagradas Escrituras, cuja pregação havia sido recusada pela multidão. Ora, é aí que a tradição judaica identificava-se com a narrativa greco-romana. Na verdade, esses sinais – como dissemos, dignos de Suetônio – não eram estranhos à tradição bíblica. O drama é que, daí em diante, o povo teria propensão a seguir os falsos profetas. Assim, Josefo falou de um cometa que, no decorrer de vários anos, havia brilhado com um clarão que, durante meia hora, tinha iluminado o santuário; e tais fenômenos foram multiplicados. Indiquemos os mais impressionantes, que anunciavam, diretamente, o abandono do próprio Templo pela presença divina.

Além disso, durante a festa chamada Pentecostes, ao entrarem de noite no pátio interno do Templo, como é

---

15. Referência a Suetônio (70-122), historiador latino, autor de um *Tratado de gramática* e de um *Tratado de retórica*, além de *Vidas dos doze Césares* – de Júlio César a Domiciano.

costume para o serviço do culto, os sacerdotes perceberam, segundo seu próprio depoimento, um abalo e um alarido. E, em seguida, uma multidão em coro, gritando: "Vamos embora daqui!". Mas houve um presságio ainda mais assustador: quatro anos antes da guerra, quando a cidade usufruía de uma profunda paz e da maior prosperidade, um certo Jesus, filho de Ananias[16], homem do povo e camponês, veio à festa no decorrer da qual os judeus têm o costume de erguer Tendas a Deus. Bruscamente, no Templo, ele pôs-se a proclamar: "Uma voz do oriente, uma voz do poente, uma voz oriunda dos quatro ventos, uma voz contra Jerusalém e contra o Santuário, uma voz contra o noivo e a noiva, uma voz contra o povo inteiro!". Dia e noite, proclamando estas palavras, ele percorria todas as ruas. (*A guerra dos judeus*, VI, 6, 299-301)

Convém observar que, apesar de ter comparecido diante dos tribunais judeus e romanos, esse personagem continuará a lançar suas imprecações até que estas lhe sejam aplicadas e, logo depois, seja fulminado por uma flecha, durante o cerco de Jerusalém. Nesse caso, o comentário de Josefo é bastante claro:

> Se refletirmos sobre esse episódio, observaremos que Deus cuida dos homens e dá-lhes a conhecer os meios de salvação, antecipadamente, por toda espécie de sinais;

---

16. A propósito de Jesus ben Ananias: essa personagem é mencionada apenas uma vez no texto de Josefo, mas seu nome acabou assombrando o cristianismo nascente: o sumo sacerdote citado em *As antiguidades judaicas* chama-se Anás, como foi observado, e o Evangelho segundo João (7,19-24) narra um conjunto de fatos importantes, ocorridos durante a Festa das Tendas, em particular a contestação por Jesus da maneira como os judeus compreendem e aplicam a Lei de Moisés.

apesar disso, eles perecem por causa de sua loucura, preferindo sua própria infelicidade.

Nosso autor servia-se, portanto, das duas tradições: mantendo-se sempre romano e escrevendo em grego, mas sem renunciar à tradição judaica. Observação, aliás, confirmada pela leitura da *Autobiografia* que, convém lembrar, foi escrita uma vintena de anos depois. Poderíamos pensar que Josefo, tendo se tornado um reputado historiógrafo – não é verdade que ele nos diz que Vespasiano ordenou a colocação de sua estátua no Templo da Paz? –, nada tem a provar a ninguém em matéria de lealdade em relação a Roma.

E, no entanto, além de ter reescrito os mesmos fatos, pelo menos parcialmente, ainda acentuou, dessa vez, o papel pacificador dos romanos, aos quais esteve associado desde o começo. A crer-se nele, sua aceitação do governo da Galiléia teria decorrido, unicamente, devido a um único objetivo: preparar a chegada dos romanos para evitar qualquer derramamento de sangue e permitir o restabelecimento da ordem. São raras as aparições do inimigo que, supostamente, ele deveria combater; além disso, os massacres perpetrados pelos romanos em *A guerra dos judeus* – por absoluta necessidade! – são mencionados apenas de forma alusiva. Josefo passou do papel de "chefe da resistência" para a função do pacificador que já prepara o pós-guerra. Apesar disso, a afirmação da identidade judaica permaneceu até nos mais insignificantes detalhes, em particular quando se tratou de mostrar sua oposição aos chefes de guerra locais, descritos como inimigos internos, pouco preocupados em respeitar o que constituía a tradição judaica.

Estamos diante de uma reformulação – com fins ideológicos – da história da guerra, mas questionamo-nos sobre os objetivos do autor. Não há a menor dúvida de que, em grande parte, estes respondem a seu interesse pessoal. No entanto, tal explicação, dificilmente quantificável, não poderia justificar a obstinada determinação de Josefo em reafirmar seu judaísmo. Mais adiante, voltaremos a analisar essa *Autobiografia*, que é um livro publicado em circunstâncias particulares, já que o autor devia responder aos ataques pessoais de Justo de Tiberíades, historiador rival que era também um ator da guerra e secretário do rei Agripa.

Ao falarmos de reformulação ideológica a propósito de Josefo, convém distinguir duas fases que podem ser sobrepostas: por um lado, nosso autor escreveu a história do povo judeu para uso de seus senhores romanos, à semelhança de qualquer bom escritor oficial; por outro, no decorrer de sua carreira, ele foi levado a retomar, em várias oportunidades, essa narrativa e a modificá-la para servir a seus interesses e – podemos aventar tal hipótese – em função da evolução dos acontecimentos históricos de que foi testemunha, entre os anos 72 e 92-93. De fato, seria improvável que sua visão do mundo não tivesse sofrido alterações entre essas duas datas que constituem os limites, mais ou menos confirmados, de sua carreira de escritor. Essa reformulação ideológica passou por uma racionalização sistemática de seu material a fim de adaptá-lo a seu público.

Racionalização

Como já foi observado, Josefo colocou toda a sua obra sob o signo da tradução; ora, tal postura correspondia a uma tomada de posição no debate de um tema que nunca chegou a encontrar uma verdadeira solução. Para além do lugar-comum – O que é traduzir? O que traduzir? Será possível fazer uma verdadeira tradução? –, perfila-se uma questão mais aguda para o judaísmo dessa época: pode-se traduzir a Bíblia e, mais tarde, será que se deve traduzi-la? No âmago dessas questões, Josefo tinha a obrigação de justificar sua tentativa. Assim, no início de *As antiguidades judaicas*, situou seu trabalhou sob a égide da lenda narrada na *Carta de Aristéias*:

> Pareceu-me que o rei Ptolomeu, segundo do nome, tinha tanta paixão pela ciência e tanto zelo em juntar livros que mostrou um particular interesse pela tradução para o grego de nossa Lei e da constituição política daí decorrente. Por outro lado, Eleazar, um de nossos sumos sacerdotes, sem rival em sua virtude, julgou conveniente aceitar tal pedido, tanto mais que, segundo nossa tradição, não se deve dissimular o que é bom.

Convém insistir sobre o encadeamento cronológico e suas implicações: um rei grego havia solicitado à comunidade judaica, por intermédio de suas mais elevadas autoridades religiosas, que os textos sagrados fossem traduzidos para o grego com uma *finalidade cultural e política*; somente em seguida surgirá a polêmica sobre a validade religiosa da tradução da *Septuaginta*, mencionada nesse trecho. Ora, Josefo prosseguiu seu raciocínio ao insistir sobre o fato de que a *Torá* havia sido o único texto a ser objeto de uma tradução, em Alexandria, por especialistas enviados de Jerusalém; sob essa égide, e por extensão, decidiu levar adiante o empreendimento considerando-se, nem mais nem menos, como um continuador da *Septuaginta*. Em seu entender, tratava-se de atrair o leitor curioso, além de instruí-lo, fornecendo-lhe um ensinamento moral; essa era uma forma de fazer apelo ao ideal antigo, assim como a uma prática do texto que alimentará o Talmude. Assim, pode-se avaliar a extensão que deverá ser atribuída ao conceito de "tradução"...

Tradução dos textos, no sentido mais amplo possível, mas também tradução dos conceitos. Pode-se perceber a preocupação em comunicar a povos não-judeus o que tornava interessante o pensamento judaico. Mas parece que é possível avançar ainda mais: o procedimento exerceu uma notável influência sobre o autor e deu testemunho de um projeto mais amplo, que pretendia atingir o universal. Em seu tempo, Filo de Alexandria havia trabalhado nesse terreno; será necessário esperar pelo século XII e por Maimônides para que se instaurem relações menos conflitantes entre judaísmo e filosofia.[17] Entre os dois pensadores houve Yavneh e Josefo; ora, o enorme vazio entre essas duas épocas torna-se, certamente, um estímulo para a imaginação.

Será que um judeu pode estudar filosofia? Ou, por outras palavras, poderá dedicar-se ao estudo do pensamento grego? Território "tampão" entre o reino selêucida e o reino lágida, a Judéia teve de enfrentar esse problema, ao mesmo tempo cultural e político. O ponto culminante dessa crise surgiu por ocasião da revolta dos macabeus contra Antíoco Epífano e marcou o (re)nascimento do reino da Judéia; afinal, tratava-se não apenas de uma simples questão cultural que, por si só, desencadeou um debate interessante.

Mas convém matizar essa interpretação, provavelmente, em parte, reconstruída pelo judaísmo rabínico. A unanimidade anti-helênica tirou proveito dos tristes acontecimentos de 70. Eis o que é testemunhado por uma historieta do Talmude da Babilônia (*Menahot*, 99b), aliás retomada freqüentemente pela literatura talmúdica:

---

17. Ainda convém lembrar que Maimônides esteve no âmago de uma violenta polêmica, que seus livros foram queimados a pedido de alguns rabinos e que, durante algum tempo, seus discípulos foram excomungados. Cf. G. Haddad, *Maimônides*, São Paulo, Estação Liberdade, 2003, col. Figuras do saber.

um jovem pergunta ao tio se pode estudar grego depois de ter estudado a *Torá*; por sua vez, o tio pergunta-lhe o que está escrito a esse respeito. Como bom aluno, o jovem cita o trecho de Josué 1,8: "Estudarás a *Torá* dia e noite". Com toda a lógica, o tio tira a seguinte conclusão: "Tenta encontrar um momento entre o dia e a noite e, então, poderás estudar grego". Portanto, compreende-se que, até mesmo para um judeu perfeitamente helenizado, não era fácil reconhecer que, na prática, ele utilizava a língua e a sabedoria gregas; por outro lado, não pode ser excluída a possibilidade de que os círculos sacerdotais no poder antes da revolta – e que desapareceram na tormenta – tenham sido impregnados pelo helenismo a ponto de serem tentados a elaborar um início de síntese entre pensamento judeu e pensamento grego, sem mesmo falar da considerável influência da comunidade de Alexandria, que havia tomado a iniciativa de traduzir a Bíblia para o grego.

Que ele tenha sonhado ou não com essa síntese – difícil de admitir, abertamente, por um defensor oficial do farisaísmo –, a verdade é que a leitura feita por Josefo dos acontecimentos, assim como dos textos sagrados, adaptava-se a seus leitores com tal solicitude que sua postura pode ser considerada como um verdadeiro processo de helenização dos conceitos judaicos, que a simples mudança de idioma não explica suficientemente.

Chamaremos a atenção para alguns pontos relevantes, a começar pelo mais evidente, ou seja, o vocabulário: é necessário traduzir consoante o sentido mais corrente do termo. Ora, como apresentar os saduceus, os essênios e os fariseus a um público helenófono, inclusive de origem judaica, como é freqüentemente o caso na Diáspora? A transcrição do termo fazia-se sem problemas, mas, em geral, não era acompanhada por qualquer outra informação. Por isso, adotavam-se palavras e expressões equivalentes que, além de um simples procedimento pedagógico, constituíam também tomadas de posição sobre as diferentes correntes de pensamento que, de acordo com o nosso autor, teriam sido parte integrante de seus estudos. Assim, a estada das almas dos mortos, entre os essênios, foi assimilada à crença semelhante da religião grega; o autor chegou mesmo a invocar os grandes culpados, tais como Sísifo, Tântalo ou Ixíon[18] (*A guerra dos judeus*, II, 156). Josefo informa-nos, na *Autobiografia*, que, com o objetivo de consolidar sua educação, havia freqüentado, sucessivamente, as seitas judaicas para formar uma opinião sobre cada uma delas. E relata a conclusão de seu percurso com estes termos:

> Aos dezenove anos, orientei minha conduta segundo os princípios da seita dos fariseus, que apresenta semelhanças com a instituição designada pelos gregos como a Escola do Pórtico.* (*Autobiografia*, 12)

Observaremos que, para designar as diferentes correntes do pensamento judaico, o autor utiliza, alternadamente, os termos "seita" e "filosofia".

O leitor experimenta maior desorientação ao constatar como Josefo, no relato de fatos a que convém atribuir o qualificativo de sobrenaturais, introduzia sistematicamente um elemento racional, até mesmo quando abordava

---

18. Sísifo, considerado o mais astucioso dos homens, por ter revelado as torpezas de Zeus foi condenado a empurrar uma grande pedra que, ao atingir o topo de uma colina, rolava novamente para baixo, de tal forma que sua punição era eterna.
Tântalo, ladrão do néctar e da ambrosia, infanticida, estava mergulhado em um lago, cuja água se afastava quando ele tentava bebê-la, e sob árvores frutíferas, cujos ramos eram impelidos pelo vento quando ele tentava colher os frutos.
Ixíon, sedutor de Hera (mulher de Zeus, rainha do Olimpo), foi preso no mundo subterrâneo a uma roda incandescente que girava eternamente.

* Local de reunião, na ágora de Atenas, onde Zenão de Cício (335-264 a.C.) difundiu o estoicismo. (N. T.)

matérias bíblicas e se dirigia a um público disposto a admitir tais manifestações do divino, até mesmo quando se tratava de deuses estrangeiros. Se o Deus de Israel era ciumento, por sua vez, os gregos e os romanos admitiam sem grandes problemas as divindades de outros povos e não chegavam a espantar-se com suas intervenções na História. Um sacrifício cotidiano, como dissemos, havia sido consagrado ao Deus de Israel em nome do imperador até a destruição do Templo pelas chamas.

Ao lermos *As antiguidades judaicas*, no entanto, temos dificuldade em compreender tais "precauções oratórias" sistemáticas que introduzem continuamente no texto um distanciamento que não tem nenhuma relação com a noção de tradução. Esse fenômeno é tanto mais impressionante nos primeiros livros – precisamente aqueles em que Josefo se inspirou, estreitamente, nos próprios escritos bíblicos. A procura de uma explicação racional para acontecimentos que, aparentemente, escapam à razão, eis o que surpreende nos escritos de um sacerdote; em compensação, estamos no cerne do procedimento histórico. Somos levados a pensar, de preferência, em Heródoto ao narrar alguns fenômenos "exóticos" a seus leitores gregos, e não tanto em um doutor da Lei que explica os arcanos de sua Tradição.

A surpresa persiste quando se confronta esses trechos com as passagens citadas precedentemente que se referiam às advertências divinas, alguns anos antes da destruição de Jerusalém, ou as intuições religiosas que assombravam Josefo na *Autobiografia*, no momento em que teve um sonho na mais pura tradição antiga, sem mesmo falar da "vocação" do autor, confinado com os companheiros na cisterna de Jotapata. Nesse aspecto, superamos a simples apresentação de Moisés como legislador do povo hebreu, que podia restringir-se à transcrição de um sistema cultural para outro. Vejamos alguns exemplos bem precisos.

A idade dos patriarcas provocava o riso de Voltaire que, apesar de detestar Josefo, não deixava de citá-lo. Em *As antiguidades judaicas*, a longevidade dos patriarcas – aspecto que, na Bíblia, não levanta nenhum problema – é imediatamente relativizada mediante um parágrafo em que Josefo inaugurou uma longa série de observações que, uma vez mais, fazem pensar irresistivelmente em certas restrições – mais raras, é verdade – de Heródoto ao descrever determinados fenômenos estranhos ocorridos entre os povos bárbaros. A diferença essencial é que, no caso concreto, o "bárbaro", se é permitido falar assim, era o leitor grego! Essa era a verdadeira dificuldade de Josefo, que foi obrigado a recorrer, incessantemente, a analogias e à autoridade de autores não-judeus para legitimar uma história judaica; ora, nesse trecho, é possível encontrar a ladainha dos autores egípcios, gregos e fenícios que constituirão a base de sua demonstração no livro *Contra Apião*. Em outras palavras, o povo, segundo seu autor, por mais "antigo" que seja, é obrigado a certificar sua "antiguidade judaica" pela aprovação daqueles que, segundo seus leitores, são as garantias de toda a antiguidade...

Na verdade, tratava-se de um procedimento de boa retórica: o único meio de conduzir o leitor a prosseguir a leitura. Mas convém questionarmo-nos em que medida, também nesse ponto, a escrita de uma história do judaísmo destinada a leitores gregos não exerceria influência sobre seu autor judeu tanto quanto sobre seu leitor. De qualquer modo, para explicar a longevidade de Noé, falecido com 950 anos, Josefo fornece-nos as seguintes razões:

> Ao compararmos a vida desses antigos à brevidade de nossa existência, ninguém pense que essas afirmações sejam errôneas, nem pressuponha que, pelo fato de nenhuma vida atual atingir semelhante longevidade, essas

pessoas não tenham alcançado tal duração de vida. De fato, além de serem amadas por Deus, elas haviam nascido do próprio Deus; sua alimentação era mais bem adaptada à longevidade e, portanto, era verossímil que pudessem viver durante um tempo assim tão prolongado; em seguida, por sua virtude e pela utilidade do que descobriam, em termos de astronomia e de geometria, Deus concedeu-lhes a graça de viverem por um tempo ainda mais prolongado; caso contrário, elas estariam impossibilitadas de fazer qualquer predição, de forma comprovada, se não tivessem vivido 600 anos, ou seja, a duração correspondente ao "grande ano".[19] A este respeito, baseio-me no testemunho de todos os historiadores da antiguidade, sejam eles bárbaros ou gregos. (*As antiguidades judaicas*, I, 106-7)

Em seguida, tendo indicado numerosas e variadas fontes, o autor chegava a esta conclusão: "Mas, em relação a essas matérias, que cada um julgue conforme lhe aprouver". Esse exemplo mostra o quanto seu procedimento pretendia ser escrupulosamente histórico no sentido greco-romano do termo. Essa frase conclusiva chegava mesmo a retomar, praticamente palavra por palavra, a expressão utilizada por Dionísio de Halicarnasso. Na maioria de suas obras, Josefo permaneceu indeciso entre o enunciado do "fato bíblico", se é permitido falar assim, e a vontade de adaptar-se à racionalidade que lhe era imposta pela cultura em que, afinal de contas, passou a maior parte da vida. "Que, a este

---

19. Trata-se de uma concepção cíclica do tempo, lugar-comum entre os historiadores antigos. O tempo seria organizado em ciclos de 60, 600 e 3.600 anos; nesse caso, o "grande ano" constituía o ciclo central. Aqui, Josefo limita-se a retomar suas fontes – talvez Beroso ou Nicolau de Damasco; no entanto, aplicada à idade dos Patriarcas, essa evocação é, por si só, significativa.

respeito, o leitor pense o que bem lhe aprouver; no meu caso, sou obrigado a narrar os fatos conforme são descritos nos livros sagrados" (cf. III, 81), escreve ele, depois de ter relatado as manifestações sobrenaturais do raio, diante dos hebreus, ao pé do Sinai.

Nessas intervenções do "tradutor", é possível pressentir, perfeitamente, o apologista do povo judeu que escreverá *Contra Apião*. Assim, Josefo teve o cuidado de transcrever um trecho bastante comprido (*As antiguidades judaicas*, III, 265-8) – apresentando, ao mesmo tempo, sua refutação – a respeito de uma lenda atribuída aos detratores de seu povo, segundo a qual Moisés, o legislador, teria fugido do Egito por ter contraído a lepra e, assim, teria comandado um exército de leprosos. Esse trecho intervém como uma digressão no momento em que ele narra as prescrições do Levítico relativamente aos leprosos.

Com esses poucos exemplos, apercebemo-nos dos principais pontos de fixação da atividade desse historiador: sua intenção não é, de modo algum, converter os leitores ao judaísmo. Esse era, praticamente, o único interdito instituído, no império, contra as religiões: elas eram toleradas e até mesmo chegavam a usufruir de uma notável consideração, com a condição de evitar qualquer tipo de proselitismo. Para Josefo, o procedimento consistia em trabalhar as fontes com a preocupação de comunicar ao mundo o que, segundo sua crença, constituía um dado essencial da história da humanidade. Tal postura não excluía uma concepção do papel predominante de Israel na história; aliás, mais adiante, esse aspecto ainda será abordado.

Josefo, fonte histórica da história romana

Historiador do judaísmo, tributário de fontes pagãs e bíblicas, Josefo é também – como foi sublinhado, em particular por Mireille Hadas-Lebel[20] – uma fonte para a história romana: às vezes, é o único a fornecer informações sobre o exército romano em campanha ou sobre alguns acontecimentos políticos de que foi testemunha, por terem interferido com a história de seu povo ou com a sua própria.

Já dissemos que ele era a única fonte conservada sobre a guerra da Judéia e chamamos a atenção para os problemas daí decorrentes. Mas a história das escavações empreendidas nos locais dos fatos leva a pensar que, apesar de não ser imparcial, nosso autor é uma fonte muitas vezes bem documentada. A dificuldade relaciona-se com a tendência do leitor em imaginar a vida de Josefo em Roma, ou seja, em preencher a imensa lacuna de nossas informações sobre o próprio personagem, entre o ano 70 e a data incerta de sua morte.

De qualquer modo, suas observações sobre pontos bem concretos são de primeira mão. A descrição do exército romano, já mencionada, é um documento insubstituível. Trata-se de uma digressão relativamente à trama central dos acontecimentos, mas é um sinal suplementar de que Josefo inseria-se "naturalmente" na tradição historiográfica. Essa digressão – conforme à lei do gênero – é um elemento necessário para a compreensão da narrativa histórica propriamente dita e um exercício de estilo destinado, a um só tempo, a enfatizar as qualidades do autor e a seduzir o leitor. Nesse caso concreto, é possível vislumbrar uma participação ativa na

---

20. M. Hadas-Lebel, *Flavius Josèphe, le Juif de Rome*, Paris, Fayard, 1993.

propaganda em favor dos Flávios. Mesmo que tivesse sido uma obra de encomenda, *A guerra dos judeus* não era apenas para homenagear os ilustres protetores de Josefo, mas também para contribuir para a estabilidade da região. Esse "tratado" sobre o poderio do exército romano era apropriado para mostrar os riscos corridos por quem, porventura, sonhasse em fomentar uma nova revolta em uma região bastante instável. Acrescentemos que tal descrição encontra-se em "seu" lugar no desenrolar da narrativa, explicando os acontecimentos subseqüentes e justificando *a posteriori* a posição tomada por Josefo: considerando que a vitória dos romanos era inevitável, a tentativa de resistir-lhes foi uma loucura e ser derrotado por eles, inclusive em Jotapata, fazia parte da lógica das coisas. Nesse caso, reconhecer seu vencedor deixa de ser uma covardia para tornar-se um ato de suprema lucidez:

> Nesse ponto, devemos admirar a previdência dos romanos, que contam com uma criadagem prestativa não só na vida cotidiana, mas ainda na guerra. Ao considerarmos a organização de suas legiões, seremos levados a reconhecer que seu enorme império é uma conquista de seu mérito e não um presente da Fortuna. (*A guerra dos judeus*, III, 70-1)

Em seguida, procedia a uma apresentação sistemática da organização romana em período de paz, cuja conseqüência imediata refletia-se em uma notável conduta no campo de batalha, uma descrição minuciosa do acampamento romano, a estrutura da disciplina ritmada pelos diferentes toques militares e o franco elogio à tática de combate. Essa panorâmica culminava, sem rodeios, nos parágrafos 108-9 com a seguinte observação:

Em toda esta explanação, tive o intuito de proceder não tanto ao elogio dos romanos, mas de consolar os povos submetidos por eles, além de desencorajar os fautores de rebelião. A organização do exército romano suscitará, talvez, algum interesse para as pessoas cultas que ainda não a conhecem. Volto ao ponto em que iniciei esta digressão.

Também, talvez não seja um acaso que a narrativa tenha sido retomada pelo relato rápido de um episódio insignificante: o fracasso de uma tentativa dos romanos para tomar Jotapata, cidade habilmente defendida por Josefo. Recorrente no conjunto de sua obra, o orgulho do escritor deve levar-nos a relativizar a acusação – de que é habitualmente objeto – de subserviência humilhante.

Esse trecho poderá ser lido, igualmente, em paralelo com o longo discurso, evocado mais acima, do rei Agripa no Xisto de Jerusalém, quando a guerra não passava de uma revolta que ainda não havia degenerado. Segundo a descrição, Agripa tentou chamar os judeus à razão, colocando-lhes "diante dos olhos", com um discurso digno de Tucídides, o poderio do exército romano, verdadeiro resumo da história de Roma, conquistadora inexorável do mundo (*A guerra dos judeus*, II, 345-404). Esse discurso está impregnado amplamente pela concepção josefiana do papel de Israel e de Roma na história mundial. A *polemologia*[21] era um gênero pouco representado na literatura latina; sabe-se que a exceção era Vegécio, alto funcionário do império, que escreveu uma *Epitoma Rei Militaris*, ou seja, um resumo da história do sistema militar romano, no final do século IV. Nesse aspecto, Josefo forneceu-nos elementos não desprezíveis.

---

21. Polemologia: ciência da guerra enquanto fenômeno sociológico.

Algo semelhante ocorre com os testemunhos transmitidos por Josefo sobre a vida política em Roma, até mesmo quando se trata de fontes indiretas. Contemporâneo de Tácito – cuja glória teria eclipsado consideravelmente a sua, pelo menos durante o reinado de Domiciano –, ele constitui um complemento apreciável aos textos – que chegaram até nós em estado lacunar – do grande historiador romano. Em particular nos *Anais*, faltam-nos importantes períodos, tais como as narrativas referentes à desgraça de Sejano, no período final do reinado de Nero e no início do reinado de Cláudio; por assim dizer, em *As antiguidades judaicas*, Josefo pegou o bastão de revezamento de seu ilustre concorrente. Também se torna possível proceder à comparação com a obra de Suetônio – na maior parte das vezes mais enxuta –, pelo fato de que esse autor havia preferido adotar o gênero literário biográfico. Nos trechos paralelos às narrativas dos *Anais* que foram conservadas, é possível encontrar detalhes que figuram na obra de Josefo e foram ignorados por Tácito; eis um bom material para pesquisa.

Com referência ao período relativo à guerra da Judéia, o testemunho de Josefo tornou-se precioso para a história de Roma, sobretudo no que diz respeito ao ano 68: ele assistiu à proclamação de Vespasiano como imperador por suas tropas, depois do assassinato de Vitélio. A predição de Josefo foi, aliás, oficializada por Suetônio, que transformou o autor em um "nobre cativo". Compreende-se, daí, que o *status* de Josefo junto aos Flávios – pelo menos os dois primeiros – tivesse sido efetivamente confortável, para além mesmo das asserções do interessado em vários de seus livros quando, em um momento em que se sentiu questionado, fez este desabafo:

> Em relação aos imperadores, minha situação manteve-se sem qualquer mudança. Assim, tendo tomado o poder

após a morte de Vespasiano, Tito conservou a mesma estima que seu pai tinha por mim e recusou dar crédito às acusações de que, em várias oportunidades, fui objeto. Seu sucessor, Domiciano, ainda acrescentou novos favores aos que eu já usufruía. (*Autobiografia*, 428-9)

De qualquer modo, não seria possível negligenciar essa fonte porque, na corte dos Flávios, Josefo freqüentou homens que, tendo conhecido pessoalmente Cláudio ou Nero, ter-lhe-iam fornecido testemunhos de primeira mão. Assim, *As antiguidades judaicas* e *Contra Apião* foram dedicadas a um certo Epafrodita; segundo parece, trata-se de um alforriado de Nero que, mais tarde, teria sido assassinado por ordem de Domiciano.

Portanto, o projeto manifesto do escritor consistiu em constituir, a partir da narrativa da guerra da Judéia, a história completa do povo judeu, inserindo-a na história mundial pelo viés da noção tão ampla de *tradução*, suscetível de infindáveis extensões, conforme já foi observado.

Resta-nos considerar, presentemente, a maneira como Josefo interpretou essa sucessão de acontecimentos e sobretudo esta guerra da Judéia – considerada pelos historiadores romanos tão insignificante em relação à história greco-latina –, além da posição que ele pretendia ocupar nesse movimento universal.

4
O papel de Israel na história: Josefo, historiador judeu

Quando Josefo iniciou seu trabalho, (ainda) não havia historiografia judaica propriamente dita; ora, o projeto de escrever a história do povo judeu equivalia a postular que este teria desempenhado um papel na História, no sentido assumido por esta palavra, para simplificar, desde Tucídides. Assim, Josefo tentou mostrar que esse pequeno povo do Oriente Médio, às margens do império, segundo a visão dos próprios romanos, deveria ser levado em consideração ao serem evocados tanto acontecimentos imediatamente contemporâneos como desde suas origens; além disso, sua eliminação do cenário mundial depois da destruição do Templo seria apenas passageira. Certamente, tais enunciados são difíceis de serem apresentados dessa maneira por quem pretenda dirigir-se a um público de língua grega e se encontre sob o estrito controle de seus protetores romanos. Mas é impossível ler Josefo sem verificar, nem que seja nesse procedimento de História com tendência universal, a vontade de afirmar a grandeza de seu povo.

Ainda nesse aspecto, analisaremos alguns pontos simbólicos em torno dos quais a concepção profética de sua História aparece com clareza, sem deixar de ter em mente, de forma ininterrupta, o fato de que Josefo dirigia-se, ao mesmo tempo, a seus protetores romanos e aos judeus da Diáspora.

A destruição do Templo, paradoxalmente, marca a entrada de Israel na História

No ano 70, o reino da Judéia é erradicado do mapa: seu território, artificialmente reconstituído sob Herodes, tornou-se parte da província da Síria, confirmando o que já era um fato. Lembremos que a cidade de Jerusalém nem sequer estava incluída no reino de Agripa II. Para Josefo, essa data constituía o ponto culminante de sua narrativa, que começava pela revolta dos macabeus, ou seja, pela reconstituição de uma Judéia independente após a dominação dos selêucidas.

Mas marcava também o fim da religião judaica se esta expressão for reduzida, equivocadamente, ao culto divino. Nada de sacerdotes, nada de culto. Acrescentemos que Vespasiano aproveitará a oportunidade para transformar o tributo de meio *shekel*, enviado para o Templo por todos os judeus da Diáspora, em *fiscus judaicus*; ou seja, o imposto, cobrado dessa forma, passará a ser por conta do imperador. A existência de uma Diáspora bastante antiga – recuando, provavelmente, ao exílio na Babilônia – explicará, por si só, a sobrevivência da religião independentemente do culto. Afinal de contas, um judeu de Atenas ou de Roma, cidades em que havia numerosas sinagogas, não teria sentido uma grande mudança em sua vida cotidiana: neste aspecto, faz-se referência ao espinhoso problema das relações entre Templo e Sinagoga.

Para Josefo, a destruição do Templo era o fim de um ciclo: eis o sentido do capítulo 10, que termina o livro VI de *A guerra dos judeus*. Nesse trecho, encontramos o resumo da história das diversas destruições de Jerusalém desde sua fundação. Mas, anteriormente, o incêndio do

Templo propriamente dito foi também reposicionado, no capítulo 8, em um ciclo que mostra que Deus dirige-se aos homens pelo viés dos acontecimentos históricos, advertindo-os pelos sinais extraordinários que descrevemos de uma forma sucinta. Com efeito, o segundo Templo ardeu em 9 *Av*, dia que corresponde exatamente ao aniversário da destruição do primeiro Templo pelos babilônios.

> Há, certamente, motivo para lamentar inconsolavelmente o edifício mais esplêndido de todos quantos pudéssemos ver ou dos quais tivéssemos ouvido falar no mundo [...]. No entanto, o que poderá servir-nos de consolo é o Destino que, à semelhança do que ocorre com os seres vivos, não poupa os monumentos nem os lugares, e é digno de admiração pela exatidão do ciclo que ele descreve. Na verdade, como já afirmei, ele respeitou a data em que, anteriormente, o Templo havia sido incendiado pelos babilônios. A presente destruição aconteceu no segundo ano do reinado de Vespasiano, ou seja, mil cento e trinta anos, sete meses e quinze dias depois de sua primeira construção pelo rei Salomão; e, desde sua restauração por Ageu, no segundo ano do reinado de Ciro, até a tomada da cidade por Vespasiano, decorreram seiscentos e trinta e nove anos e quarenta e cinco dias.

Em outras palavras, o "destino" dirige-se aos homens e continua a manifestar-se pela História. Cabe ao historiador enfatizar as circunstâncias que dão sentido aos acontecimentos; é assim que o acontecimento "funciona" em Josefo. Tendo verificado que o Templo deixou de existir, ele encontrou-se mergulhado na engrenagem da História: de uma História a ser vivida e a ser escrita. Depois de ter construído a narrativa do fim de Jerusalém, ele teve de retomar as origens, até mesmo pela duplicação de alguns trechos do relato precedente; em seguida, apresentar o sistema político e religioso de Israel no livro *Contra Apião*; e, por último, defender-se e reposicionar a si mesmo na narrativa dos acontecimentos por meio da *Autobiografia*. Um processo sem fim, cuja interrupção só poderá ocorrer com a morte.

Se, portanto, Israel foi destruído – pelo menos em seu território e em seu Templo –, qual poderá ser seu papel na História? Antes de tudo, o de servir de exemplo:

> Entre todas as cidades submetidas pelos romanos, coube à nossa elevar-se ao apogeu da prosperidade para ser precipitada no mais baixo nível da miséria. Mesmo assim, desde a origem dos tempos, estimo que, entre todas as nações, a nação dos judeus detém o recorde da desgraça; e como a nenhum estrangeiro pode ser imputada essa situação, não consegui evitar minhas lamentações.
> (*A guerra dos judeus*, I, 12)

A observação de que o povo judeu foi inteiramente responsável por suas próprias desgraças pode ser vista como o primeiro sinal de subserviência aos patrocinadores da obra. Aliás, esse argumento já tinha sido confirmado, anteriormente, por uma referência direta à pessoa de Tito; no entanto, convém avançar mais longe na medida em que este tema é recorrente e acaba por encontrar sua coerência em toda a obra de Josefo.

Os judeus deixaram-se levar pela loucura e pelo orgulho; eis, em poucas palavras, a primeira causa da guerra. Toda a história de Israel é balizada por vitórias e derrotas; cada vitória é obtida, certamente, graças ao valor dos combatentes, mas sobretudo por ser agradável a Deus. Pelo contrário, as derrotas decorrem da decisão tomada por Deus de abandonar Israel, mergulhado em sua cegueira e inebriado por suas faltas e por seu orgulho.

Portanto, a causa primeira de todos esses eventos é sempre o fato de Israel afastar-se de Deus. Na Bíblia, seria possível encontrar um grande número de trechos em que Deus decide castigar seu povo pelo descumprimento da Aliança, mesmo quando a responsabilidade não pode ser imputada a todo o povo, como é o caso nesse episódio. Eis o que se encontra, por exemplo, em *As antiguidades judaicas* (V, 198), obra em que Josefo cita um trecho do *Livro dos Juízes* (cf. 3,12-4,24):

> De novo, os israelitas, que, apesar da experiência das desgraças suportadas por terem deixado de adorar a Deus e de respeitar suas leis, não chegaram a corrigir-se, antes mesmo de terem conseguido livrar-se um pouco do jugo moabita, foram subjugados por Jabin, rei dos cananeus.

Para Josefo, na época da guerra de 70, a destruição do Templo era o termo dessa longa sucessão de atritos entre Deus e seu povo. Ele apenas se limitou a retomar um tema tradicional: o exílio da *Chekhinah*, a presença divina. Esse tema aparece desde os primeiros textos tanaíticos[1] – a partir do ano 20 – e será retomado na tradição talmúdica, em particular no *midrash*.[2] Um episódio bastante representativo, já narrado, refere-se à misteriosa voz que, pouco antes do incêndio, foi escutada no Templo.

Entretanto, existem também causas conjunturais. Os revolucionários recusaram-se a ouvir os moderados e a voz da razão. Além dos sinais divinos, essa voz falou-lhes

---

1. *Tanna* (do aramaico *tenna*, repetir, ensinar): mestre do Talmude da primeira geração.
2. *Midrash*: comentário rabínico que elabora – como sentido atual ou "pleno" – temas da Lei ou das Escrituras para iluminar o momento presente. Há dois tipos, às vezes misturados: o *midrash halakh* sobre os assuntos legais e o *midrash agadá* sobre tudo o que não é relativo a questões legais do Talmude, como exortações morais, conselhos médicos e anedotas históricas.

por intermédio de duas pessoas privilegiadas: Agripa, em seu discurso no Xisto de Jerusalém, e Josefo, que se manifestou em diversas ocasiões. Em primeiro lugar, no decorrer de sua missão na Galiléia, ele esforçou-se por fazer reinar a ordem e acalmar, sem sucesso, as mentes. Consciente de seu papel e preocupado em preparar a província sob sua responsabilidade para a chegada dos romanos, começou por fortificar as cidades sem deixar de instaurar um "estado de direito" com o apoio dos notáveis mais moderados, tendo procurado resolver os conflitos locais por meio do diálogo. Mas a iniciativa revelou-se inútil:

> Em seguida, consciente de que o poderio dos romanos tornara-se invencível, sobretudo pela disciplina e pelo manejo das armas, ele renunciou à instrução, que só é possível fomentar mediante o exercício. (*A guerra dos judeus*, II, 577)

Portanto, eis um general convencido de sua derrota, mas que é obrigado a mostrar que permaneceu fiel à sua missão, sem deixar a impressão de ter lutado, com todo o vigor, contra seus futuros protetores romanos. Na *Autobiografia*, seu discurso será ainda mais claro, e isto desde sua chegada a Jerusalém:

> Então, esforcei-me por acalmar os agitadores e tentei levá-los a mudar de opinião, apresentando-lhes os adversários que teriam pela frente: eles não estavam em condições de lutar contra os romanos, que, além de sua experiência da guerra, eram temíveis pela sorte; não deveriam expor a tão grandes perigos, de forma temerária e absolutamente tresloucada, sua pátria, suas famílias e eles próprios. Esses foram os meus argumentos; e insisti vigorosamente para dissuadi-los de seus propósitos porque eu previa que o desfecho da guerra seria totalmente

catastrófico para nós. No entanto, não consegui convencer esses levianos, que se deixaram arrastar por tamanha loucura! (*Autobiografia*, 18-9)

Mas, provavelmente, o último apelo tenha ocorrido à sombra das muralhas de Jerusalém. Nesse momento, Josefo já tinha passado para o lado dos romanos. Os judeus receberam a notícia de sua derrota em Jotapata e sua provável morte com um coro de lamentações; e, de repente, aquele que havia sido considerado pelos sitiados como herói nacional reaparecia ao lado do inimigo. Daí em diante, ele passou a ocupar a posição que conservará até a morte, ou seja, a de intermediário, intérprete, tradutor... e sua mensagem era a rendição sem condições. Ainda nesse ponto, ele foi o profeta que os seus recusaram-se a escutar; seu discurso, paralelo ao de Agripa, foi composto de acordo com uma retórica implacável, misturando exemplos extraídos da história recente, assim como da Bíblia, capazes de fazer dobrar os compatriotas mais religiosos.

> Em poucas palavras, não há notícia de que nossos antepassados tenham conseguido o sucesso pelas armas ou tenham sido derrotados ao renunciar à luta para entregarem-se nas mãos de Deus [...]. Assim, ao atrever-se a combater o rei da Babilônia que sitiava esta cidade, apesar da advertência do profeta Jeremias, nosso rei Sedecias foi feito prisioneiro e assistiu à completa destruição da cidade e do Templo. E reparem que esse soberano e seu povo eram bem mais moderados do que os chefes de vocês e do que as pessoas desta platéia! [...] Mas vocês, sem falar de suas violências perpetradas na cidade, uma vez que eu não saberia como qualificar tais violações da Lei, vocês insultam-me e atiram-me dardos no momento em que lhes dou conselhos sensatos; de fato,

irritam-se diante da denúncia dos erros que têm cometido e não toleram sequer a referência aos atos cotidianos praticados por vocês. [...] Assim, tenho a convicção de que Deus abandonou o santuário para colocar-se, agora, do lado daqueles que vocês combatem. É evidente que um homem de bem fugirá de uma casa de corrupção e sentirá repulsa por todos aqueles que a habitam; apesar disso, vocês acreditam que Deus – a quem nada é oculto e escuta até mesmo o que é silenciado – ainda permanece entre os seus que se tornaram perversos. (*A guerra dos judeus*, V, 390-413)

Impossível ser mais claro. Josefo antecipava, assim, o período pós-guerra, não apenas para sua situação, mas também para o povo judeu, que deveria aliar-se aos romanos: de fato, diante de tanta cegueira, como duvidar que estes sejam instrumentos de Deus, que teria decidido a vitória dos invasores para castigar a impiedade de seu povo? Nesse discurso, verifica-se um lugar-comum da historiografia antiga, ou seja, a idéia de que a guerra civil é uma maldição e uma mácula imperdoável para o povo que se torna culpado de tal operação. Esse ato de impiedade acarreta a vingança dos deuses; nesse aspecto, existe um perfeito acordo entre a tradição greco-romana e a tradição judaica.

Foi à sombra das muralhas de Jerusalém que Josefo encontrou sua vocação de historiador, profeta e tradutor, ou, pelo menos, confirmou uma vocação que, segundo sua narrativa, lhe havia ocorrido em Jotapata:

Voltou-lhe à mente a lembrança de seus sonhos noturnos por meio dos quais Deus lhe havia predito as futuras desgraças dos judeus e o que iria produzir-se com os soberanos de Roma. Aliás, na interpretação dos sonhos, ele era dotado para descobrir o sentido dos oráculos divinos ambíguos: a razão é que, por ser sacerdote e descendente de sacerdotes, ele não ignorava as profecias dos livros sagrados. (Ibidem, III, 351-2)

O instinto individual de sobrevivência, com toda a certeza, fez-se também ouvir... No entanto, é forçoso constatar que Josefo passará a vida a ilustrar essa vocação, até mesmo quando seu interesse poderia estar direcionado para outros aspectos. Sua fidelidade ulterior ao judaísmo nunca chegou a ser questionada.

A única lacuna em seu raciocínio refere-se à vitória dos insurretos, no início da guerra, na batalha de Beth Oron. Compreende-se que o acontecimento tenha sido interpretado como um incentivo divino para o prosseguimento da guerra. Josefo mantém uma notável discrição sobre o assunto, tanto em *A guerra dos judeus* como na *Autobiografia*, já que esse episódio é tratado de uma forma paralela. A primeira narrativa insistiu, de forma bastante detalhada, sobre o aspecto militar da retirada romana: entalados em um estreito desfiladeiro, os romanos não tinham nenhuma possibilidade de evitar o massacre, independentemente de seus inimigos. Josefo registrou mais de 6 mil vítimas romanas, diante de um punhado tão insignificante de judeus que seu número não chega a ser mencionado. Por sua vez, na *Autobiografia*, a narrativa é a mais minimalista possível, limitando-se a uma frase do parágrafo 24:

> Assim, ele chegou, de repente, travou o combate e foi vencido, tendo deixado no campo de batalha um grande número de seus combatentes.

Entretanto, nos dois casos, o relato é precedido da esperança concebida, visivelmente, pelo narrador ao receber a notícia da chegada das tropas do legado Céstio

Galo. Na *Autobiografia*, essa descrição é inserida em um contexto em que se vê Josefo confirmar sua posição no plano político. Escrito mais de vinte anos depois dos acontecimentos, esse episódio constitui uma excelente demonstração de sua concepção relativamente a seu próprio papel na História.

> Depois que Menahem* e os chefes dos bandidos foram mortos, retirei-me do santuário e juntei-me aos sumos sacerdotes e aos fariseus mais importantes. Como o povo estava armado, ficamos bastante preocupados e, ao mesmo tempo, estávamos indecisos em relação ao partido que deveríamos tomar, além de reconhecermos nossa impotência para neutralizar a ação dos agitadores. Sob a ameaça de um perigo tão evidente, manifestamos a intenção de apoiar seus objetivos, sem deixar de aconselhá-los a permanecerem calmos e deixarem aos inimigos a iniciativa do ataque, a fim de que nossa luta fosse considerada como legítima defesa. Assumimos tal atitude na expectativa de que, em breve, Céstio chegaria com importantes forças para dominar a insurreição. (21-3)

O julgamento final é definitivo: a derrota de Céstio foi fatal para a nação judaica, na medida em que os indecisos relativamente à revolta contra os romanos interpretaram essa vitória como um incentivo divino. Se, a essa situação, acrescentarmos a má conduta das legiões no campo de batalha, assim como as violências dos últimos procuradores, compreende-se que esse acúmulo

---

* Menahem: chefe dos sicários, isto é, "homens com punhal"; tendo entrado no Templo como rei, encontrou a resistência dos subordinados do sumo sacerdote, Eleazar, e foi morto no decorrer dessa luta. Cf. K. Schubert, *Os partidos religiosos hebraicos da época neotestamentária*, São Paulo, Edições Paulinas, 3ª ed., 1979. (N. T.)

só poderia ser a manifestação da vontade divina em castigar o povo judeu, que havia avançado demais na via da obstinação. *A guerra dos judeus* fornece uma maravilhosa ilustração porque se trata da primeira versão, versão sonhada, do desastroso episódio – dessa vez bem real – da destruição do Templo. A situação apresenta, de fato, analogias surpreendentes: sob as muralhas de Jerusalém, os romanos; no interior da cidade, a população dividida quanto à atitude a adotar. Segundo Josefo, ela é composta pelo "povo", sensato, que mantinha a expectativa de que os romanos viriam restabelecer a ordem, e pelos "sediciosos" – alguns chegavam mesmo a manifestar uma insigne covardia. Eis, portanto, por ocasião do "primeiro" cerco de Jerusalém, o cenário ideal ou idealizado por Josefo. Esse foi o instante em que a História poderia ter mudado de rumo, em que poderia ter ocorrido um sobressalto, um retorno à consciência do povo judeu, que, daí em diante, passou a estar associado à história romana. Por que essa atitude não prevaleceu contra todas as expectativas, ou, como dirá Josefo, "absolutamente contra toda a razão"? Somente o desígnio de Deus pode explicar tal encadeamento de estranhos acontecimentos que, por sua vez, teriam exercido influência, durante algum tempo, sobre o próprio Josefo.

> Um terrível pavor apoderou-se, então, dos sediciosos que, imediatamente, em grande número, fugiram da cidade, convencidos de que ela não tardaria a ser tomada. Nessas circunstâncias, pelo contrário, o povo retomava confiança e, à medida que os velhacos davam sinais de fraqueza, as pessoas adiantavam-se para abrir as portas e receber Céstio como um benfeitor. Se este tivesse mantido sua obstinação em forçar o cerco, teria tomado a cidade imediatamente. Mas Deus, que, desde então,

afastara-se do santuário por causa, em minha opinião, dos velhacos, impediu que a guerra chegasse a seu termo nesse dia. Não tendo percebido o desânimo dos sitiados e a resolução do povo, Céstio convocou os soldados de improviso e, renunciando a suas esperanças, ainda que não houvesse sofrido nenhuma perda, decidiu, absolutamente contra toda a razão, afastar-se da cidade. (*A guerra dos judeus*, II, 538-40)

Portanto, verificou-se uma manifesta intervenção de Deus na história para agir diretamente sobre o destino imediato de Israel. A tomada definitiva da cidade realizar-se-á apenas dois anos mais tarde. No entanto, desde esse instante até a queda, terão sido completados os destinos do profeta Josefo-Jeremias diante do "messias" Vespasiano; além disso, na Jerusalém sitiada, não subsistiu um só justo, mas unicamente facções rivais que acabaram por dilacerar-se até a mais extrema loucura.

Ao retirar a Judéia da história imediata, esse acontecimento faz, paradoxalmente, que Israel e Josefo entrem na história universal, já que todos os escritos de nosso autor hão de girar em torno desse evento, pelo qual, aliás, serão avaliados. O fato de que seu povo, ao deixar-se obcecar pelos sediciosos, tenha sido castigado por Deus, não impede que toda a sua história passada faça emergir a grandeza de Israel.

Monarquia e poder

Apesar de não ser o elemento predominante de *A guerra dos judeus*, a dimensão apologética impregna a obra do historiador. Para o autor, a "constituição" judaica é, incontestavelmente, a melhor possível, e pode servir de modelo às outras nações. Ora, esse regime político só admite a monarquia com reservas, ou seja, como uma concessão à tendência pecaminosa do povo à representação. Considerando a subserviência de Josefo ao poder imperial romano – o qual via, daí em diante, como a manifestação da vontade de Deus –, é conveniente examinar a imagem da realeza apresentada em seus escritos e que culmina no livro *Contra Apião*.

A instituição da realeza em Israel é um dos pontos de articulação do poder divino e dos diversos níveis de exercício do poder temporal. No início, Deus fala pela boca de seu legislador, Moisés. A realeza não passa de um recurso incontornável, conforme é sublinhado pelo Deuteronômio, retomado por Josefo em *As antiguidades judaicas*. Por si só, Deus é suficiente para governar seu povo, a quem basta submeter-se às leis estabelecidas pelo próprio Deus. De uma forma particular para Josefo, o governo do povo judeu deverá ser assumido pela aristocracia, termo ausente tanto da *Septuaginta* quanto dos escritos de Filo. O governo ideal é aquele que se submete cegamente à Lei, que, por sua vez, é tributária, evidentemente, dos usos e costumes locais. Como a Lei é perfeita em virtude de sua essência divina, o governo ideal é aquele que se apóia nos juízes ou nos levitas. Nesse trecho, com toda a certeza, a origem sacerdotal de Josefo faz-se sentir e, uma vez mais, é difícil compreender seu envolvimento oficial ao lado dos fariseus, provavelmente mais monárquicos do que ele.

Nessas condições, por que um rei? Porque pode ocorrer que o povo, que sempre se deixa levar por suas paixões, sinta um "desejo" de rei. Com esse termo pejorativo, Josefo modifica, aqui, o texto da *Septuaginta*, que se limitava a vislumbrar a hipótese segundo a qual o povo judeu "gostaria" de ter um "dirigente".

> A aristocracia é a melhor forma de vida; contentem-se com esse sistema político, em vez de se deixarem levar

> pelo anseio de um outro qualquer, e façam tudo em conformidade com as leis. De fato, basta Deus para guiá-los. Entretanto, se sentirem desejo de um rei, este deve ser um compatriota que, além da justiça, esteja sempre preocupado com as outras virtudes. Que ele procure a sapiência nas leis e em Deus, evitando empreender qualquer ação sem o parecer do sumo sacerdote e do conselho dos Antigos... (*As antiguidades judaicas*, IV, 223-4)

Assim, a realeza é considerada como possível capricho do povo, que teria necessidade de representações concretas, de uma "encarnação" do poder divino. Que o poder real deva ser exercido pelo sacerdote, pelo doutor, pelo juiz, pelo sábio ou pelo conselheiro, ou como nos aprouver chamá-lo, eis uma constante da obra de Josefo que, talvez, esteja indicando o papel que ambicionaria desempenhar.

Não será motivo de surpresa constatar suas escolhas quando se trata de apresentar os soberanos encontrados em *sua* História. O rei é, antes de tudo, um herói, uma personagem emblemática, portador das qualidades, ou dos defeitos, do povo judeu. Mas está fora de questão que Josefo o transforme em um personagem quase divino, como é possível encontrar nas crônicas imperiais romanas. Mesmo que os grandes reis bíblicos sejam vistos como grandes figuras antigas, o tratamento aos asmonianos fornece-nos indicações mais esclarecedoras sobre Josefo, que, além de ter vivido na mesma época, não deixa de reivindicar, em várias oportunidades, sua origem régia e sacerdotal. O poder dos asmonianos estava associado ao renascimento do Templo e marcou o começo da época cujo fim foi presenciado por Josefo. Eis por que *A guerra dos judeus* aborda esse período essencialmente através da história da dinastia asmoniana – aliás, essa observação vale para o conjunto de sua obra.

Esses textos podem ser lidos, de preferência, como a narrativa de uma degenerescência do poder. A realeza "terrestre", se é que podemos falar assim, não cessou de degradar-se desde os primeiros reis; conforme já havia sido sugerido pela Bíblia, os judeus só tiveram reis para "agir como os outros". Em um período posterior, os macabeus apareceram, no início, como uma exceção, já que voltaram a se interessar pela grandeza do povo judeu. Por sua vez, Josefo atenua o alcance quase mítico do *1º Livro dos Macabeus*. Com toda a certeza, os asmonianos foram considerados, em seus escritos, como heróis apaixonados pela liberdade e pela grandeza, como garantias da independência nacional, tendo restaurado o culto de Deus no Templo; no entanto, por escrever sob controle imperial, ele teria corrido sérios riscos se tivesse feito a apologia de seus compatriotas. Assim, prudentemente, minimizou qualquer paralelo com os acontecimentos recentes da guerra da Judéia; por sua vez, a época de Herodes, o Grande, e de seus sucessores, foi descrita como uma sucessão de querelas palacianas que chegarão a seu termo através de um reordenamento salutar empreendido pelo Império Romano, que culminou com a tomada de Jerusalém.

Essa degradação da instituição régia havia sido já percebida nos círculos judeus e identificada como "contaminação" da dinastia asmoniana pelos idumeus; de fato, estes só se tornaram judeus "por aliança", e Herodes era apenas o filho de Antípatro, ou seja, o tipo de aventureiro oportunista sem qualquer similitude com o rei bíblico que, segundo o Deuteronômio, deve ser o *eleito do Senhor*. Essa "liquidação" da instituição régia deixava lugar à verdadeira realeza, defendida por Josefo como a única legítima, ou seja, a de Deus.

Nenhum obstáculo, portanto, impedia seu empreendimento apologético em favor do judaísmo, que é ainda discreto em *A guerra dos judeus*, ganha força em *As antiguidades judaicas* e culmina em *Contra Apião*, livro que responde a ataques antijudaicos "habituais" e bem delimitados; apesar disso, nosso autor não deixou de reafirmar a antiguidade de Israel e a validade de seu sistema político, assim como sua pretensão à universalidade. Daí a sonhar com uma nova definição do poder e com uma colaboração com o império universal, tal como este era encarnado por Roma, existia apenas uma tênue distância que, apesar de não ter sido delineada de forma nítida, Josefo teria sido tentado a transpor discretamente.

Entretanto, restava ainda uma dificuldade que se referia à presença, em Roma, de Agripa, que havia sido reconhecido – pelo menos oficialmente – por Josefo como seu protetor. Mas, aqui também, convém identificar bem o discurso oficial. A imagem de moderador atribuída a Agripa é conforme a seu *status* de rei protegido de Roma. É certo que os dois Agripas não tinham a envergadura de dirigentes de homens e, em todos os aspectos, contrastavam com os Flávios; aliás, estavam amplamente comprometidos com a dinastia que ia de Júlio César a Cláudio e pode-se dizer que sua queda correspondeu ao desaparecimento de Nero. Apesar de mencionar na *Autobiografia* que usufruiu sempre dos favores do rei, chegando mesmo a citar as cartas régias como provas da qualidade de sua narrativa referente à guerra da Judéia, Josefo acabou por criticá-lo em *As antiguidades judaicas*, descrevendo-o como uma das personagens que, involuntariamente, contribuiu para a revolta do ano 66.

> Nessa época, o rei Agripa mandou expandir Cesaréia, aquela que é chamada de Filipe, e trocou seu nome por Neronias, em homenagem a Nero. Além disso, com enormes recursos, mandou construir um teatro para os habitantes de Beirute e, tendo despendido várias dezenas

de milhares de dracmas, proporcionou-lhes espetáculos anuais. Também criou o costume de gratificar a população, mandando distribuir trigo e azeite. A cidade inteira ficou ornamentada, igualmente, com estátuas[3] e cópias de esculturas antigas. Na realidade, ele havia providenciado a transferência da totalidade – ou quase – das obras de arte do reino para esse local; o ódio dos súditos aumentou porque estavam sendo espoliados do que lhes pertencia para o embelezamento de uma cidade estrangeira. (*As antiguidades judaicas*, XX, 212)

Em seguida, Josefo relatava uma revolta subseqüente à destituição do sumo sacerdote e à sua substituição por iniciativa do rei, pretexto para evocar as numerosas questões desse gênero que abalaram a Judéia depois de Herodes, o Grande. E eis a conclusão de Josefo:

A partir desse momento, sobretudo, é que a doença entrou em nossa cidade e tudo se tornou cada vez pior. (Ibidem, XX, 214)

Portanto, o rei é, nesse trecho, cúmplice – pelo menos involuntariamente – dos procuradores desastrados, cujas iniciativas acabaram exacerbando conflitos latentes até provocar a eclosão da guerra.

Em outros termos, a destruição do Templo – que sinaliza o fim de um Estado (?) enfraquecido e mergulhado na mais extrema desordem – marcaria também o nascimento de um outro tipo de judaísmo, mais universal; apesar de ter sofrido com o afastamento de seu solo, continuava sendo capaz de modificar até a política de Roma, por

---

3. Teatro e estátuas – aspectos familiares para o universo helenístico – são estritamente proibidos pela Lei judaica. Nesse caso, o rei limita-se a desperdiçar a riqueza do reino, ou seja, pratica abertamente um ato de impiedade.

intermédio de seu pensamento e de seu porta-voz privilegiado, ou seja, o próprio Josefo... Ora, segundo parece, nosso autor não havia previsto que esse judaísmo não terá necessidade de seu contributo, evoluindo de maneira autônoma com o beneplácito, se é que se pode falar assim, dos romanos.

Polêmica contra Apião

A preocupação constante de Josefo consistiu em demonstrar a um romano – pouco interessado em ler por si mesmo a história do povo judeu – que Israel atuava desde a origem do mundo e devia ser levado em consideração. Em um livro abertamente polêmico, intitulado *Contra Apião*, nosso autor aproveitou a oportunidade – evitando recorrer, dessa vez, ao anteparo da "tradução" – para formular a definição do regime político ideal: a teocracia.

Tal exercício não era original nem inovador, uma vez que Josefo inscrevia-se em um gênero puramente retórico; tratava-se, praticamente, de um exercício escolar de refutação dos argumentos de determinado adversário. Aliás, até mesmo nos círculos judeus ele não foi o primeiro a utilizar tal procedimento: a maior parte de seus argumentos encontra-se nos tratados de Filo de Alexandria. Qual o motivo que o teria levado a escrevê-lo? Em numerosas oportunidades, em suas duas precedentes obras, o autor fez alusão a "todos aqueles que têm tentado caluniar-nos"; em relação a esse plural, devemos conservar seu sentido coletivo ou considerá-lo como referência a ataques pessoais? Provavelmente as duas hipóteses. Como esse livro foi publicado após *As antiguidades judaicas*, é possível pressupor, sem outras explicações, uma relação com a atitude hostil de Domiciano, tanto contra os cristãos quanto contra os judeus; as relações idílicas de Josefo com a dinastia dos Flávios talvez nem sempre tivessem sido assim tão constantes, conforme o teor de suas afirmações, em particular na *Autobiografia*.

O ponto de partida dessa obra é a refutação de um conjunto de argumentos antijudaicos compilados por um certo Apião, personagem-pretexto do livro; de qualquer modo, o título da publicação é inexato. É provável que o título original dissesse respeito à antiguidade do povo judeu, repetição ou continuação de *As antiguidades judaicas* por outros meios – procedimento recorrente em Josefo. Apião, personagem autentificado por várias fontes, polígrafo alexandrino do início do século, autor de numerosas obras, em particular de uma volumosa história do Egito, notório ativista antijudeu, parece ter desempenhado um importante papel por ocasião das revoltas de Alexandria, no reinado de Calígula. Seu nome foi associado ao título dessa obra de Josefo porque uma boa parte do livro II – quase a metade da obra total – procede à contestação sistemática dos ataques do citado Apião, que, afinal de contas, não passava de um entre muitos antijudeus cuja enumeração havia sido feita, cuidadosamente, por Josefo no livro I. Assim, *Contra Apião* é, de forma geral, uma resposta a ataques inevitáveis suscitados pela publicação de *As antiguidades judaicas*.

Verifica-se, assim, que a obra de Josefo compõe-se de duas partes distintas, não simétricas: por um lado, dois textos de erudição, redigidos no decorrer de um longo período, e, por outro, duas obras bastante sucintas, ambas polêmicas, destinadas a responder a escritos rivais cujos originais não foram conservados. A *Autobiografia* foi redigida às pressas, ao passo que *Contra Apião* apresenta-se como um texto argumentado e, sobretudo, muitíssimo bem documentado.

O livro I estabelece a antiguidade do povo judeu ao demonstrar que, por serem "demasiado recentes", os historiadores gregos não poderiam ter conhecimento de suas origens. Devia-se, evidentemente, fazer referência aos egípcios e esse argumento era convincente para os leitores gregos: não era o Egito o país dos mais antigos livros sagrados, utilizados profusamente, por exemplo, por alguém como Platão, até em seus mitos? Josefo evocou, também, os escritos fenícios e caldeus que alguns gregos mais tardios acabaram por autentificar. Por sua vez, o livro II, dedicado a Apião, é um bom exemplo dos lugares-comuns antijudaicos – ainda utilizados em nossos dias. Pode-se pensar que a apologia de Filo de Alexandria – que teria servido de inspiração a Josefo – já desenvolvia esses elementos; como esse texto não chegou até nós, Josefo é, uma vez mais, a primeira e única testemunha de um gênero que deveria ser florescente a ponto de ter sido objeto de sua escolha.

Nessa obra, Josefo retoma a concepção do poder desenvolvida em *As antiguidades judaicas*; trata-se, talvez, do sinal de que essa publicação não era considerada como a simples documentação dos costumes de um pequeno povo oriental. Como já foi observado, ao instituir os mandamentos de Deus, o legislador Moisés lançou os alicerces de um poder cuja única fonte era Deus; é quase certo que alguns leitores enxergaram tal postura como uma concorrência direta a qualquer outra forma de poder terrestre.

As diversas polêmicas antijudaicas que, havia muito tempo, agitavam os círculos alexandrinos, acabaram por chegar, provavelmente, a Roma. Os romanos eram tolerantes em relação às religiões em geral, porém manifestavam uma grande sensibilidade relativamente a dois pontos: o culto do imperador e, sobretudo, o proselitismo. Nesses dois casos, tratava-se realmente de uma inquietação diante de tudo o que poderia constituir ameaça a seu poder. Na própria cidade de Roma, por exemplo, a interdição de cultos orientais atingiu, muitas vezes, religiões que praticavam o proselitismo; eis o motivo por que o judaísmo havia sido poupado.

É possível pressupor que, em *As antiguidades judaicas* e em *Contra Apião*, a apresentação de Josefo tenha provocado reações acaloradas nos círculos mais próximos da corte. Além da descrição do povo judeu como um dos mais antigos do mundo conhecido, Moisés, seu legislador, era apresentado como o antepassado de todos os legisladores. Com relação a esse aspecto, nosso autor inscrevia-se em uma longa tradição apologética de Alexandria, da qual Filo havia sido um dos elos mais célebres; no entanto, Josefo editou seus livros em Roma e pôde tirar partido do *status* de escritor da corte. Será que o manteve até o fim? E ainda o conservaria no momento em que escreveu *Contra Apião*? Também essas são questões que ficam sem resposta.

De qualquer modo, o fato de ter redigido *Contra Apião* implicou, além de expor-se às críticas, respondê-las. Da mesma forma que, para Dionísio de Halicarnasso, os romanos eram pessoas civilizadas por sua origem grega, assim também, para Josefo – na esteira dos outros apologistas alexandrinos –, todos os povos do mundo civilizado atual eram tributários da Lei judaica. De fato, como legislador perfeito por ter-se inspirado diretamente no próprio Deus, Moisés influenciou todos os legisladores que o seguiram, incluindo os mais famosos representantes gregos, que estão equivocados ao se recusarem a reconhecê-lo como modelo. Em *As leis*, o próprio Platão inspirou-se em Moisés... Entretanto, a originalidade dos judeus baseava-se na circunstância de que todos conheciam suas leis, ao passo que, entre os outros povos – a começar pelos gregos –, elas eram objeto de debate filosófico, o qual envolvia exclusivamente as elites.

Assim, portanto, essa obra polêmica, que se inseria em uma tradição apologética judaica de quase um século, apresentada em língua grega, mantinha uma perfeita continuidade com todos os seus escritos; correndo o risco de colocar em causa seu *status* como autor em Roma, Josefo reafirmava que o pensamento judeu tem uma vocação para a universalidade. Sem ter afirmado frontalmente – e compreende-se o motivo de tal reserva – que o judaísmo era a única religião possível, Josefo não deixou de defender que a forma do "bom" poder devia ser procurada nessa religião e que era, certamente, o Deus dos judeus quem agia no mundo e exercia sua influência sobre ele; aliás, por Seu intermédio é que se podia chegar à plena compreensão dos acontecimentos mais recentes.

O judaísmo e sua vocação para a universalidade: a teocracia

> As diferenças específicas dos costumes e das leis entre os homens, apesar de serem infinitas, podem ser resumidas da seguinte forma: uns confiaram a monarquias o poder político; outros, a oligarquias; e, outros, ao povo. Nenhum desses governos suscitou a atenção de nosso legislador, que instituiu – se é que se pode praticar semelhante violência contra a língua – o governo teocrático, depositando em Deus o poder e a força [...]. Em relação ao próprio Deus, Moisés mostrou que ele é único, incriado, eternamente imutável, mais belo do que toda e qualquer outra forma mortal, cognoscível por nós em razão de seu poder, mas incognoscível em sua essência. Por enquanto, não pretendo referir-me ao fato de que essa concepção de Deus foi adotada pelos gregos mais sábios que, aliás, se inspiraram nos ensinamentos prodigalizados, pela primeira vez, por Moisés; entretanto, eles certificaram, formalmente, que ela é bela e convém tanto à natureza

quanto à grandeza divina. De fato, Pitágoras, Anaxágoras, Platão e, em sua esteira, os filósofos da Escola do Pórtico, todos eles, com raras exceções, defenderam manifestamente essa concepção da natureza divina. (*Contra Apião*, II, 164-8)

A palavra "teocracia" é utilizada, nesse trecho, pela primeira vez; portanto, considerando as precauções oratórias adotadas por Josefo, pode-se pressupor que ele próprio a tenha forjado. Além da suposta influência de Moisés já referida, verifica-se que Josefo referia-se ao Deus dos judeus em termos que o transformavam em deus de todos os homens; assim, os judeus tornaram-se interlocutores privilegiados, enquanto a reverência, até mesmo inconsciente, dos outros povos diante de Moisés, conferia-lhes o *status* de Sábios. Mesmo que se trate de um lugar-comum da apologética judaica[4], a força de tal asserção não poderia ser subestimada, tanto mais que esse tema foi desenvolvido em numerosos trechos, em conformidade com a linha "pedagógica" de *As antiguidades judaicas*.

O autor resumiu as principais orientações legislativas judaicas e sua influência sobre a vida cotidiana – culto, casamento, educação, obrigações morais, castigos e recompensas –, insistindo sobre sua humanidade para melhor refutar, em seguida, os principais preceitos da religião grega. O ataque frontal explica-se pelo *gênero* polêmico, mas não há dúvida de que os próprios princípios visam a uma vocação para a universalidade:

> Todo aquele que desejar viver entre nós, submetido às mesmas leis, será acolhido com benevolência pelo legislador,

---

4. Segundo Théodore Reinach – cf. Introdução, em F. Josèphe, *Contre Apion*, Paris, Les Belles Lettres, 1930 –, é depois da época ptolemaica que se presume que todos os filósofos gregos se tornaram tributários da Bíblia e, em particular, de Moisés.

porque este considera que, além da raça, a moral aproxima os homens. Apesar disso, não nos é permitido compartilhar nossa vida íntima com aqueles que estejam de passagem. (Ibidem, II, 210)

Seria falso vislumbrar tal postura como uma tentativa de proselitismo por parte de nosso autor. Ao destrinçarmos o máximo possível as palavras, seríamos tentados a dizer que a conversão do leitor não é necessária, já que ela ocorre desde toda a eternidade! Certamente, no plano religioso e do culto, as diferenças eram consideráveis; ora, o judaísmo não deixava de ser realmente uma religião em todos os seus aspectos. Entretanto, no plano da sabedoria e das leis, no que dizia respeito à busca da melhor constituição possível, os judeus estavam presentes desde o começo, porque Deus os havia escolhido, em particular, para levar essa mensagem a todos os homens. As outras constituições instituídas por iniciativa humana não passavam de ensaios menos ou mais bem elaborados que, em diferentes graus, continham sempre o problema dos atributos respectivos do soberano e da lei. A característica do judaísmo era a perenidade e a permanência em total oposição com as perpétuas mudanças que haviam marcado a história dos outros povos conhecidos. No entanto, segundo Josefo, esta era a única certeza: a lei é a garantia da sabedoria.

> Temos de confessar, portanto, que a observância das leis é uma prova de virtude.

E, apoiando-se no exemplo de Licurgo*, que ele retoma de Platão:

---

* Licurgo: segundo a tradição – citado por Heródoto, entre outros –, legislador semilendário grego (por volta de 600 a.C.) da cidade-estado Esparta ou Lacedemônia, a quem foi atribuído o estabelecimento das severas instituições espartanas. (N. T.)

Que os admiradores dos lacedemônios comparem a duração desse povo ao período superior a dois mil anos de nossa constituição. Além disso, que eles reflitam no seguinte: enquanto permaneceram senhores de si mesmos, os lacedemônios conservaram a liberdade e julgaram preferível observar exatamente suas leis; no entanto, ao serem atingidos pelos reveses da fortuna, pouco faltou para que as esquecessem totalmente. Pelo contrário, às voltas com inúmeras calamidades na seqüência de mudança dos príncipes que reinaram na Ásia, inclusive tendo de enfrentar perigos extremos, nós não atraiçoamos nossas leis. (Ibidem, II, 226-8)

Sem perder de vista todo o arcabouço retórico do raciocínio, que se apóia, freqüentemente, em compilações duvidosas, sente-se emergir uma demarcação bastante nítida entre a lei, fundamento de toda a legitimidade, garantida por especialistas – sacerdotes, doutores, filósofos –, e o exercício do poder imediato que lhe é completamente contingente, conforme a demonstração fornecida pelas vicissitudes da História. Israel trazia para a reflexão universal a permanência da Lei no que ela tem de essência divina e não submetida aos acidentes da História. Nesse caso, podemos perguntar-nos até onde poderia avançar esse movimento de expansão da lei judaica que, tendo sido retomado por Josefo a uma tradição bastante recente, foi levado por ele, de forma perfeitamente oficial, até as esferas do poder romano. Há uma grande diferença entre a simples menção de alguns costumes que, para um intelectual romano curioso, podem parecer exóticos e a afirmação de que a concepção judaica da lei e até as práticas cotidianas – às vezes referentes ao culto religioso – acabariam por impregnar todos os povos do mundo habitado. Portanto, seria paradoxal admitir que, tendo sido vencido no campo de batalha, esse povo tivesse dominado, com suas concepções político-religiosas, um mundo que o teria simplesmente ignorado.

> Apesar de terem conservado, na aparência, as leis de sua pátria, os filósofos gregos foram os primeiros que, em seus escritos e em sua filosofia, seguiram Moisés; além de terem formado uma idéia de Deus semelhante àquela preconizada por ele, ensinaram a vida simples e em comum entre os homens. Entretanto, há muito tempo que a multidão também está impregnada de um grande zelo por nossas práticas piedosas, e todas as cidades gregas, assim como todos os povos bárbaros, aceitaram nosso costume do repouso semanal, além de praticarem o jejum, a iluminação com lamparinas e um grande número de nossas leis relativas à alimentação. (Ibidem, II, 281-2)

Podemos relacionar essa força de expressão com o arrebatamento do polemista, procurar inutilmente, em alguns casos, os vestígios da influência judaica em determinado povo, e objetar que se trata de lugares-comuns de um gênero literário bem definido; apesar disso, os termos são reivindicados por seu autor e, além disso, algumas lacunas acabam por produzir um sentido incômodo.

É assim que, na afirmação "todas as cidades gregas, assim como todos os povos bárbaros", podemos nos perguntar como deveria ser classificado o povo romano. Haveria uma forma particular de organização que escaparia à influência da lei mosaica? Os romanos seriam assimiláveis aos gregos, excetuando o fato de serem tratados como bárbaros? Por outras palavras, a frase referia-se à totalidade do mundo conhecido, com exceção dos romanos.

Por outro lado, nenhuma menção é feita aos recentes acontecimentos do povo de Israel, ou seja, à destruição do Templo, às violentas discórdias entre os sediciosos, em suma, a tudo o que poderia ter questionado o funcionamento desse sistema. As objeções são imediatas: uma vez mais, esse não é o gênero de obra que é composta de argumentos já elaborados, por isso, uma referência precisa a tais acontecimentos seria sobretudo desastrada. Todavia, o peso do silêncio é inegável. Para citarmos apenas um exemplo: como será possível elogiar a excelência de um sistema teocrático, apoiado na figura essencial do sacerdote que transforma o Templo no próprio pilar desse sistema, no momento em que o Templo havia desaparecido, em que o culto deixara de existir e em que os sacerdotes – entre os quais Josefo – tinham sido obrigados a renunciar, na prática, a suas funções? O fato de retomar, para redigir um panfleto como *Contra Apião*, um argumento tratado profusamente, em particular por Filo, pressupõe também o mínimo de adaptação, sobretudo para alguém que escreve em Roma, cidade em que os Tácitos e os Sênecas não param de implicar com as práticas das outras religiões.

A obra *As antiguidades judaicas* permitia-nos recuar até as origens e, em seguida, avançar até *A guerra dos judeus*. Poderíamos ter esperado que, em *Contra Apião*, ele prosseguisse a reflexão após a destruição do Templo: ora, as duas obras que, distinguindo-se do gênero especificamente histórico, teriam podido informar-nos em relação aos temas de uma atualidade candente elidem precisamente essas questões, como se tudo continuasse como antes; como se Templo, sacerdotes, rabinato e sinagoga não suscitassem nenhum problema; como se nada estivesse sendo elaborado em Yavneh; como se, paradoxalmente, tudo isso não passasse da História antiga.

A consideração desses pontos litigiosos é também uma forma de levantar o problema do *status* de Josefo em relação a seus vencedores, que se tornaram claramente seus empregadores, e, ao mesmo tempo, a suas origens que – contrariamente a outros autores – nunca chegaram a ser questionadas por ele. O projeto do historiador era, provavelmente, transparente no ano 70; mas, em meados da década de 90, as circunstâncias seriam idênticas? Até que ponto Josefo poderia ainda ser o profeta oficial da dinastia, função que havia assumido em sua chegada a Roma?

5
Autodestruição de um sistema ou a historiografia à prova dos fatos

No caso de Josefo, falar em um sistema implica, na realidade, um abuso de linguagem; não existe, provavelmente, um "sistema josefiano". No máximo, uma visão de mundo ampliada por um destino excepcional que levou nosso autor a vislumbrar o desígnio de Deus no desenrolar dos acontecimentos. De qualquer modo, esse belo conjunto apresentou sinais de fragilidade ainda durante sua vida. A obra conheceu um brilhante destino póstumo que teria lisonjeado o historiador; entretanto, o sucesso conseguido no momento de sua publicação foi ensombreado por ameaças. Além disso, o próprio destino de Josefo, talvez, não tenha correspondido ao que ele poderia ter esperado, o que pode ser percebido pelas diversas observações que dizem respeito à sua própria vida e à sua expectativa quanto à posição do judaísmo na década de 90. Ele mesmo, paradoxalmente, instilou em seu leitor uma dúvida que se mantém até hoje, no momento mesmo em que pretendia corrigir sua imagem pela publicação do que, atualmente, é designado como sua *Autobiografia*; de fato, esse livro desmontou a coerência de sua obra, de tal modo que é possível falar de autodestruição.

Missão de Israel e de Josefo: de Jeremias a Daniel

Ao revelar o destino de Vespasiano, como já foi relatado, Josefo ocupou a posição de Jeremias, profeta que havia anunciado a queda de Jerusalém nas mãos de Nabucodonosor: durante um certo período, ambos viveram ao lado do senhor do mundo, o que autoriza esse paralelo... Se Vespasiano é portador do desígnio de Deus, nem que seja temporariamente e na qualidade de simples instrumento, o que dizer de quem recebeu de Deus a missão de transmitir sua mensagem?

Essa representação está também em harmonia com a "figura" do político, parcialmente delineada pelo texto. No sistema teocrático, instaurado pelo legislador Moisés, o poder pertence a Deus e os reis não passam de meros executantes; daí a presença indispensável, a seu lado, de um profeta, de um sumo sacerdote ou de um doutor da Lei, em outras palavras, de um conselheiro privilegiado. Se transpusermos tal concepção para o campo grego, transposição legitimada pela própria iniciativa de Josefo, é difícil deixar de pensar em Platão; não esqueçamos que este teria procurado sua inspiração em Moisés, principalmente no livro *As leis*, mas também em *A república*. A cidade elaborada nesse último livro é governada pelo filósofo-rei, no qual se aliam a *capacidade* política e a *sabedoria* do doutor da Lei. Pode-se imaginar, mediante uma simples helenização dos termos, que Josefo se consideraria o conselheiro ideal de Vespasiano...

Esse ensaio de síntese baseia-se na seguinte convicção de Josefo, afirmada em várias oportunidades: o judaísmo está em via de passar por uma evolução decisiva, aliás testemunhada, sem margem para qualquer dúvida, pelas recentes ocorrências. Na seqüência da captura de Josefo em Jotapata, o tempo da História acelerou-se e nosso autor adquiriu a consciência ou a ilusão de desempenhar um papel fundamental em acontecimentos de alcance universal. Ele não poderá ignorar, entre outros escritos, o conjunto da literatura profética e do tipo apocalíptico, que havia conhecido um considerável desenvolvimento nessa época. A profecia a respeito de Vespasiano que aparece no texto de *A guerra dos judeus* é influenciada, de forma bastante nítida, pela leitura de Daniel[1], em cujos textos – como seria previsível – Josefo encontrou a profecia dos acontecimentos da guerra da Judéia. Entretanto, tal leitura não é uma explicação suficiente para o fato de que nosso autor tenha chegado a semelhante identificação: afinal de contas, existia, então, uma profusão de escritos desse tipo.

Se, por um lado, a referência a Jeremias se impõe em *A guerra dos judeus*, ao passo que Daniel nem chega a ser evocado, por outro, deve-se reconhecer a forte impressão que nos deixa a estrutura do livro X de *As antiguidades judaicas*, cujo conteúdo é quase totalmente dedicado a esses dois personagens: Jeremias profetiza a queda de Jerusalém, e é esse o papel que Josefo assume no momento da guerra; como seu ilustre modelo, ele é rejeitado pela cegueira de seu povo. Entretanto, o papel de Daniel é muito mais ambíguo: ele profetiza a Nabucodonosor sua própria grandeza e, ao mesmo tempo, a destruição de sua descendência. Assim, nossa atenção concentrar-se-á na visão da estátua – o famoso colosso de pés de argila.

A presença de Daniel nos diversos cânones da Bíblia suscita espinhosos problemas aos comentaristas. Esse texto, bastante controverso, parece impregnar o pensamento

---

1. De uma forma bastante convincente, Steve Mason transforma esse texto, o *Livro de Daniel*, tão contestado, em um esquema de interpretação da teologia da História de Josefo. Cf. S. Mason, "Josephus, Daniel and the Flavian House", em *Josephus and the History of the Greco-Roman Period* (sob a direção de F. Pariente e J. Sievers), Leyde (Holanda), Brill, 1994, p. 160-91.

de Josefo de um a outro extremo de sua obra. Por nossa parte, acreditamos que ele esclarece sua concepção da História: por exemplo, a periodização que toma do Oriente a idéia das quatro eras da humanidade, associadas a metais como outras tantas etapas da degradação dos reinados terrestres; trata-se de uma idéia que, encontrando-se na encruzilhada das tradições oriental e ocidental, convém absolutamente não só a seus leitores judeus, mas também aos greco-romanos, conhecedores desse mito.

No livro X, portanto, Josefo retomou a profecia de Daniel. De acordo com a narrativa, Nabucodonosor havia tido um terrível sonho. Antes de sua interpretação, ele exigiu que os sábios, magos e adivinhos caldeus lhe relatassem seu conteúdo: eis a melhor forma de verificar a competência de seus intérpretes. Diante da impotência de todos, fez apelo a Daniel, que, por sua vez, foi iluminado pelo deus de Israel. No texto de Josefo, Daniel é levado imediatamente à presença do rei, começando por fazer-lhe um longo discurso com a seguinte advertência: após a revelação do sonho, os elogios deverão ser dirigidos não a ele, Daniel, mas ao deus que o envia.

Nas duas versões – Daniel e Josefo – do texto, o profeta relata ao rei seu próprio sonho na segunda pessoa. Ele viu uma imensa estátua composta por diferentes metais: a cabeça é de ouro, o peito e os braços de prata, o ventre de bronze, as pernas e os pés de ferro, na narrativa de Josefo; por sua vez, nas versões grega e aramaica de Daniel, as pernas são de ferro, ao passo que os pés, em parte, são de ferro e, em parte, de barro.

De repente, um projétil atinge a estátua, destruindo-a totalmente, a tal ponto que, segundo o texto de Josefo,

> o ouro, a prata, o bronze e o ferro foram reduzidos a uma poeira mais fina do que a farinha, tendo sido arrastada e espalhada ao longe pela força do primeiro grande

golpe de vento, enquanto a pedra cresceu desmesuradamente, a tal ponto que deu a impressão de ocupar toda a terra.

O texto de Daniel tornou-se objeto de toda a espécie de interpretações... De fato, ao decifrar o sonho, o profeta explica ao rei que a estátua – símbolo de seu poder – se corrói de geração em geração, até ser reduzida a poeira. Numerosos exegetas chegaram mesmo a propor a correspondência de cada uma das eras e dos metais com determinados acontecimentos históricos: esse é o caráter próprio desse gênero de literatura do tipo apocalíptico[2], que cada período histórico reinterpreta à sua maneira. Portanto, espera-se com impaciência a versão de Josefo. Verificar-se-á que, em vez de revelações, ela se distingue mais pelo que dissimula:

> "Este foi, portanto, teu sonho e sua interpretação é a seguinte. A cabeça de ouro representa a ti e aos reis da Babilônia que te precederam. As duas mãos e os ombros significam que teu poder será destruído por dois reis. No entanto, o poder deles será aniquilado por outro rei oriundo do oeste, revestido de bronze, e o poder deste será destruído ainda por um outro semelhante ao ferro, que reinará para sempre, graças à sua própria natureza de ferro" que, diz ele, é mais forte do que o ouro, a prata ou o bronze. E Daniel revelou também ao rei o significado da pedra, mas não julguei oportuno narrar essa parte, já que as pessoas esperam que eu escreva o que se passou e foi realizado, não o que acontecerá; se, entretanto, houver alguém que deseje uma informação tão exata que esteja empenhado em prosseguir sua pesquisa

---

2. Do grego *apokaliptikós*, cujo significado é "revelação" (do fim dos tempos).

de forma mais aprofundada, pretendendo aprender o que diz respeito aos acontecimentos ocultos que estão por vir, basta que essa pessoa se esforce em ler o *Livro de Daniel*, que se encontra entre os escritos sagrados. (*As antiguidades judaicas*, X, 208-10)

Por diversas razões, Josefo não chega a narrar a seqüência na qual Daniel prediz o aniquilamento dos reinos terrestres pela mão de Deus. Poderíamos pensar que tenha aplicado esse sonho ao Império Romano; nesse momento, seria desastrado apresentar tal referência. Houve quem objetasse que há precedentes: por exemplo, Políbio supõe que, à semelhança de todos os impérios deste mundo, o Império Romano é efêmero. Seja como for, a visão de Josefo está associada à sua concepção da História: aquele que havia desempenhado o papel de profeta por ocasião de seu primeiro encontro com Vespasiano tornara-se historiador; assim, reencontramos o que havíamos designado como *processo de racionalização*.

Para Josefo, a realização parcial dos acontecimentos descritos por Daniel comprova que, além de continuar a intervir na História, Deus dá a conhecer sua ação aos homens, por meio de sinais. Mas o historiador limita-se ao passado...

De qualquer modo, para ele, o reino de Deus acabará por suplantar os reinos terrestres. Apesar de ter sido anunciada pelas profecias de Balaão no livro IV e, portanto, de estar programada, a destruição de Jerusalém, assim como a queda de outras cidades, não significa o fim da História, cuja ocorrência dependerá exclusivamente da decisão de Deus. Entretanto, o processo está em marcha, já que a cegueira do rei da Babilônia é patente no seguinte episódio: além de ter dado ordens para que Daniel – homenageado como um deus – fosse recompensado imediatamente, Nabucodonosor mandou construir uma colossal estátua de ouro, diante da qual todo mundo deveria prosternar-se.

Qual é, portanto, o papel de Josefo no desígnio de Deus? O historiador fornece os textos sagrados ao mundo erudito, ensinando-lhe a reler o passado; anuncia-lhe também seu destino, não literalmente, mas transmitindo-lhe a certeza de que tudo está escrito nos livros sagrados. Seu papel junto a Vespasiano poderia ter sido o de Daniel ou de Jeremias, mas as circunstâncias modificaram-se na década de 90, após a tomada do poder por Domiciano.

As expressões "judeu da corte" e "historiador oficial" têm sido associadas a seu nome; terá ainda a possibilidade de subsistir como profeta da corte?

Josefo em Roma

O *status* de Josefo, em Roma, evoluiu entre os anos 70 e 93. Ao chegar à capital, nosso autor beneficia-se da amizade do imperador e de seu filho pelas razões já conhecidas, mas pode ser considerado como fazendo parte do cortejo dos vencidos de Vespasiano. Ao escrever *A guerra dos judeus*, ele deverá dar provas de sua capacidade.

Em relação aos compatriotas, sua posição provavelmente não seja brilhante. Ele é o traidor, como testemunham os numerosos ataques de que, segundo seu próprio testemunho, é objeto, mesmo que a destruição do Templo não implique uma modificação considerável na vida cotidiana dos judeus na Diáspora. Ora, de um modo geral, as numerosas comunidades judaicas de Roma são pobres, o que deve ter aprofundado ainda mais o distanciamento em relação a esse homem da corte. Sua provável participação – não existe nenhuma prova – no partido da rainha Berenice restringiu-se a um período bem reduzido; além disso, desde os anos 79-80, a guerra da Judéia não passava de uma longínqua lembrança.

Parece difícil alimentar qualquer dúvida em relação aos privilégios e à amizade de que Josefo teria usufruído por parte dos dois primeiros flavianos. Sua obra foi editada e reproduzida, o que constitui a melhor demonstração de que foi difundida oficialmente. Ele chega a afirmar que residiu no Palatino, na antiga casa do imperador; é difícil admitir que tais afirmações pudessem ter sido publicadas se fossem falsas. O mesmo ocorre quando ele nos fala da estátua oficial que lhe foi erigida.

Mas, levando em consideração que Tito morre em 81, compreenderemos que a segunda parte da vida de Josefo, ou seja, um período de doze ou treze anos, não tenha sido tão idílica, se é que a primeira foi realmente aprazível. De fato, o sucesso de *A guerra dos judeus* foi efêmero; por sua vez, tornou-se difícil encontrar patrocinador para a publicação de *As antiguidades judaicas*. Sem contar que os rivais começaram a aparecer, como veremos mais adiante.

Por outras palavras, o sonho, no início de sua estada em Roma, de desempenhar um papel nos círculos do poder, tornou-se irrealizável vinte anos depois: eis uma hipótese que nos parece plausível, em virtude da ambição e desmedido orgulho do personagem. A contragosto, Daniel foi homenageado como um rei por Nabucodonosor, a quem acabava de anunciar o fim de seu império; por sua vez, Josefo teve de contentar-se com uma função mais modesta junto a Vespasiano, a quem, no entanto, havia vaticinado a iminente investidura imperial – teria sido uma grande vantagem se, pelo menos, pudesse beneficiar-se da malfadada posição que Platão ocupava junto a Dionísio de Siracusa! Nesse caso, o que dizer de Domiciano, cujo reinado, segundo sabemos, foi tão conturbado? No final de sua *Autobiografia*, Josefo garante que os favores imperiais nunca lhe foram negados: há motivos para duvidar dessas palavras, assim como da estima que lhe teria sido prodigalizada pelo rei Agripa até sua morte.

Apesar de ter escrito a história e a apologia do povo judeu, ele continuará sendo, para seus compatriotas, o companheiro de Tito por ocasião do incêndio do Templo; por outro lado, apesar de ter feito a apologia do regime ao celebrar o poderio de Roma, será sempre considerado pelos romanos como um cidadão de segunda classe que mal conseguiu emergir do campo dos vencidos, sobretudo por continuar reivindicando, de forma altaneira, sua origem.

Ora, desde que possamos definir alguns de seus contornos, esse *status* influencia diretamente a própria obra: segundo ele, o povo judeu fracassou em seu encontro com o mundo romano por causa da revolta do ano 66, como já havia fracassado em seu encontro com o helenismo por ocasião da revolta dos macabeus; apesar disso, ainda seria possível pensar que se tratava apenas de um adiamento, já que esse período coincidia com a glória de Israel. Depois do ano 70, tudo passava por Roma, e era a Josefo que caberia levar Israel a ter acesso à história universal que estava se construindo. Daí a desmesurada importância atribuída à guerra que, mesmo tendo sido longa, não deixou de ser apenas uma peripécia na conquista romana da bacia mediterrânea; pode-se chamar esse período de fase ascendente no destino de Josefo. Em compensação, a segunda metade de sua vida foi marcada por uma atitude defensiva: a última parte de *As antiguidades judaicas* – cuja publicação teria sido efetuada provavelmente após a morte de Agripa –, a *Autobiografia* e *Contra Apião* são textos de resistência contra inimigos que se encontram tanto entre os judeus como entre os romanos. Se ele tivesse ficado submerso na historiografia greco-latina não teria conseguido assegurar essa fusão.

Eis o aspecto mais estranho desse texto: ele é colocado em dúvida por seu próprio autor no momento da publicação da *Autobiografia*, lançando a suspeição sobre toda sua obra. Além disso, pode-se mesmo afirmar que, em determinadas épocas, é essa discussão que garantirá a sobrevivência do conjunto. Estudando Josefo, estamos sempre com um paradoxo por perto.

No momento em que nosso autor terminou a redação de *As antiguidades judaicas*, foi publicada uma obra que também narrava a guerra da Judéia, e era redigida por um historiador, já mencionado, ex-secretário judeu do rei Agripa, chamado Justo de Tiberíades, e que tinha participado dos acontecimentos. Tiberíades, sua cidade natal, foi sempre favorável ao rei Agripa e pode-se pressupor que Josefo, governador da Galiléia, tivesse sido obrigado a enfrentá-lo no campo de batalha. Josefo reconhecia em Justo seu duplo – chegou a dar esse nome a um dos filhos! Mas, diferentemente de Josefo, ele não desempenhou um papel ambíguo; à sua semelhança, Justo recusou revoltar-se contra os romanos, e não se colocou em situação de combatê-los.

Certamente por sentir-se questionado quanto à sua ação na Galiléia e, sobretudo, ao seu *status* de historiador, Josefo procurou dar uma resposta ao redigir – às pressas e, dessa vez, sem a ajuda de redatores – a *Autobiografia*.

Ao compararmos esse livro com o resto de sua obra, o contraste é surpreendente: passamos da narrativa de um jovem prodígio, pleno de ambição, desejoso de fazer carreira no império, para o relato de um homem profundamente magoado em seu orgulho e questionado por um adversário que, diferentemente dos outros, não poderá ser ignorado por ele.

O romance de uma autobiografia

Essa autobiografia – aliás, denominação abusiva – deixa na sombra a personagem de Josefo e coloca em evidência a figura de Justo. Infelizmente, no que concerne a Josefo, a narrativa de Justo não chegou até nós. Assim, é o próprio acusado que nos fornece as críticas, sugerindo-nos a comparação com o relato de *A guerra dos judeus* e levando-nos a identificar numerosas distorções internas de uma obra que, até então, parecia coerente.

Sob o pretexto oficial de revelar, passados quinze anos, um certo número de fatos silenciados em relação a alguns personagens, ainda vivos na época, Josefo elaborou a narrativa completa de sua vida, sem deixar de pedir ao leitor para formular uma opinião pessoal; essa era, ao que parece, sua pretensão.

Na realidade, ao referir-se superficialmente aos detalhes puramente biográficos, essa narrativa apologética relata, uma vez mais, a história dos acontecimentos da Galiléia. Surge, então, um novo personagem, dotado de grande astúcia, que conspira em todos os níveis e está associado aos desordeiros: em vez de João de Giscala, chefe de uma das facções existentes na Jerusalém sitiada, trata-se de Justo de Tiberíades, culpado de todos os males e obstinado em provocar a morte de Josefo.

Obra estranha, freqüentemente depreciada como pouco fiável, a *Autobiografia* não deixa de ter um prodigioso interesse, por seu aspecto desconexo e mal escrito; ela constitui a revelação de uma crise pessoal, apresentada sem disfarces e, às vezes, emocionante até em sua inabilidade. Está fora de questão considerá-la uma verdadeira autobiografia: nessa época, ainda não existia tal *gênero*. E, no entanto, apesar de não apresentar o que esperávamos conhecer de Josefo, esse texto revela-nos um certo número de caracteres que aparecem de forma involuntária. Sua inabilidade contrasta com os escritos anteriores, aparentemente sem lacunas para o leitor ingênuo: a obra aponta as incoerências e, sem sucesso, tenta corrigir uma imagem existente.

Tudo converge para uma digressão interminável que, segundo parece, corresponde ao objetivo último do livro. Josefo dirige-se diretamente a Justo de Tiberíades para refutar seus ataques; ora, por desconhecermos seu texto, as acusações só podem ser deduzidas dos argumentos esgrimidos pela defesa. Fixaremos nossa atenção no fato de que Josefo retificou sua imagem, apresentada por ele próprio, em *A guerra dos judeus*; além disso, sua maior dificuldade seria, talvez, aceitar que alguém viesse a contestar seu monopólio relativo à narrativa dos acontecimentos. Para nós, a *Autobiografia* é o único documento que permite vislumbrar, de forma limitada, a evolução de Josefo em Roma. Sua concepção da História depende dela, pois, em vez de ser o relato de sua vida, a obra é, em grande parte, a repetição hipertrófica da narrativa sobre os seis meses passados na Galiléia. Os pontos litigiosos de *A guerra dos judeus* ficam por esclarecer: o leitor é convidado a consultar essa obra quando estava convencido de que encontraria o complemento de informação na *Autobiografia*. Paralelamente, nesse livro, a imagem de Josefo passa por uma considerável transformação: o corajoso general judeu, incapaz de enfrentar a força invencível dos romanos, tornou-se um pacificador, preocupado em preparar o país para o pós-guerra, que nem havia sequer começado...

Não tendo tido o cuidado, dessa vez, de aprimorar seu estilo por profissionais, o autor mostra-nos um Josefo "ao natural", insistindo sobre seu fiel cumprimento dos preceitos do judaísmo, enquanto outros judeus – quase sempre seus adversários – os negligenciavam. Ainda melhor, continua a respeitá-los até em circunstâncias em que estaria dispensado de fazê-lo. Essa constante preocupação em reafirmar seu apego ao judaísmo situa-se na continuidade da obra; mas parece tornar-se problemático, já que é contestado por outros. Além disso, a ausência de qualquer texto de rivais deixa-nos supor que Josefo teria sido alvo de ataques desferidos de todos os quadrantes: em primeiro lugar, do lado dos romanos – daí a ausência quase total de legionários nesse novo relato da guerra; e, em seguida, do lado dos judeus, Justo à frente.

Ainda outro aspecto: os deslizes identificados na escrita desse texto manifestam uma preferência pelos romanos. Após um relato relativamente sereno da situação à sua chegada à Galiléia, Josefo descreve as relações passionais que mantém com as populações. Ele é o chefe adulado e apoiado pelas massas populares, enquanto os desordeiros locais fazem tudo, sem sucesso, para desacreditá-lo perante as autoridades de Jerusalém; no entanto, considerando-se a complexidade da situação, é difícil saber a quem ele se refere. Portanto, o leitor tem a possibilidade de escolher entre o auto-retrato, repetitivo e obsessivo, do autor como herói de romance popular, chefe nato que, no entanto, só excepcionalmente faz uso da força, e as acusações de um historiador desconhecido que, segundo se presume, acertou o alvo em cheio. É claro que o problema de Josefo é sua legitimidade, sob uma dupla vertente: contestada no terreno por ocasião dos acontecimentos e por aqueles que o haviam investido para tal missão; e enquanto historiador e único detentor da verdade em relação aos acontecimentos ocorridos havia mais de vinte anos e às lembranças que teriam sido fatalmente transformadas pela memória.

O intuito da *Autobiografia* consiste precisamente em reencontrar essa legitimidade pela refutação do adversário, assim como pela incessante reescrita da narrativa dos mesmos acontecimentos. Ao escrever o romance de sua vida, Josefo esboça o retrato do chefe popular que teria desejado ser e não tanto o do estrategista momentâneo que ele foi. Assim, o leitor adquire, talvez, mais informações do que se estivesse diante de uma autobiografia no sentido moderno do termo – classificação que não pode ser atribuída, de modo algum, a esse texto. É assim que, no ponto mais crucial da crise, quando o relato torna-se tedioso por ser tão repetitivo, somente um sonho divino é capaz de fornecer maior consistência à ação do herói. Tendo esperado inutilmente por uma explicação sobre a atitude em Jotapata – também justificada por uma missão sobrenatural –, o leitor volta a encontrar-se perante o caráter irrefutável, por ser indiscutível do ponto de vista racional, da experiência divina. Josefo decide abandonar suas responsabilidades, desanimado pelo número crescente das conspirações perpetradas contra ele e pela ingratidão de uma população volúvel.

> Tendo-se espalhado a notícia, começaram a chegar, de todos os lados, multidões, com mulheres e crianças; esta movimentação era ditada, creio eu, não tanto pelo afeto que sentiam por mim, mas por seu próprio interesse, porque essas pessoas estavam convencidas de que, protegidas pela minha presença, evitariam qualquer mal. [...] Então, durante essa noite, tive um sonho... oh! um sonho maravilhoso! Como eu tinha ido para a cama contrariado e transtornado por causa da carta que havia recebido, pareceu-me que alguém, perto de mim, dizia: "Não fiques atormentado, nem subjugado pela apreensão; de fato, tua aflição tornar-te-á forte e transformar-te-á no homem mais feliz em todos os teus empreendimentos. Serás bem-sucedido não só no momento presente, mas também em muitas outras situações. Portanto, não te preocupes e lembra-te que serás obrigado a entrar em guerra contra os romanos!". Depois da visão de semelhante sonho, levantei-me rapidamente, impaciente para sair de casa. Ao deparar-me com aquela multidão de galileus – entre os quais se encontravam mulheres e

crianças –, todos prosternaram-se com o rosto por terra, rogando-me com lágrimas para que eu não os abandonasse... (*Autobiografia*, 207-9)

Talvez as escolhas feitas no ano 70 tivessem sido colocadas em causa em 92: a gloriosa carreira vislumbrada por Josefo ao sair da cisterna, em Jotapata, chegou a tomar forma, de certa maneira, mas o que sobrou do papel determinante que ele pensava desempenhar? Ei-lo constrangido a reafirmar seu judaísmo, sua lealdade em relação aos romanos, os favores de que passou a usufruir junto à família imperial. Pode-se pressupor, sem direito a qualquer outra extrapolação, que tudo isso suscitaria problemas no presente. Qual seria a parcela de orgulho, de verdade, de mentira, de reescrita inconsciente de alguns acontecimentos? Todos esses elementos compõem a *Autobiografia*: nesse texto, Josefo exercita, antes de tudo, o auto-engano.

Sua filiação ao judaísmo não poderia ser questionada: eis o que pode ser comprovado por toda sua obra. Mas de qual judaísmo, uma vez que está privado de sua referência ao Templo e, aparentemente, privado de contato com os rabinos de Yavneh?[3] No mínimo, ele é contestado, de forma vigorosa, por seus contemporâneos. Quanto ao resto, a evolução política do império deixa-lhe poucas esperanças. Dizer e redizer, repetir, correndo o risco de transformar e deixar aparecer divergências, eis, segundo parece, o modo de escrita que serve de estrutura ao conjunto de sua obra, repetição incansável que não é estranha ao pensamento judaico...

---

3. Segundo a observação de numerosos comentaristas, Josefo menciona raramente *Rosh Hashaná* [o dia 1º do ano] e *Yom Kippur* [dia do Perdão], ou seja, duas das mais importantes solenidades do calendário judeu contemporâneo.

Há muito tempo, tal observação já havia sido proposta por Pierre Vidal-Naquet:

> À sua maneira, a *Autobiografia* é a reescrita do livro II de *A guerra dos judeus*. Por sua vez, *Contra Apião*, entre os anos 93 e 96, é um tratado sobre a antiguidade do povo judeu. Os livros XII-XX de *As antiguidades judaicas* desenvolvem os livros I e II de *A guerra dos judeus*.[4]

Josefo é o historiador de uma única História: com toda a certeza, a do povo judeu, e o trabalho realizado prova isto. Mas, antes de tudo, ele é historiador de sua própria história. Sua obra converge para os acontecimentos dos anos 66-70: ela volta continuamente a esse período, como uma obsessão que, de forma explícita, aparece na *Autobiografia*.

Tudo se passa como se, impossibilitado de ter acesso à glória conferida pela proximidade do poder, Josefo se retraísse em sua glória literária, retomando incessantemente o período em que tudo se modificou. Nesse aspecto, a parte final de *As antiguidades judaicas* – em que Josefo anuncia seu programa ulterior, as obras a serem publicadas – é significativa, mesmo que a interpretação dessas linhas ainda contenha suficientes elementos para impedir a unanimidade entre os leitores.

> Talvez eu ainda escreva uma obra que não provocará a inveja, limitando-me a falar sucintamente de minha família e do que fiz no decorrer de minha existência, enquanto ainda estão vivos aqueles que poderiam refutar-me ou, então, testemunhar em meu favor. É com esses

---

4. P. Vidal-Naquet, "Du bon usage de la trahison", Prefácio de *La Guerre des Juifs*, traduzido do grego por Pierre Savinel, Paris, Minuit, 1977, p. 12.

temas que colocarei um ponto final em *As antiguidades judaicas*, obra que compreende vinte livros e sessenta mil linhas. E se Deus permitir, voltarei a evocar a guerra e tudo o que nos aconteceu até este dia, ou seja, até o décimo terceiro ano do reinado do imperador Domiciano, que corresponde aos meus cinqüenta e seis anos. Por outro lado, tenho a intenção de escrever, a partir das interpretações de nossos doutores judeus, uma obra em quatro livros sobre Deus e seu ser, assim como sobre nossas leis, a fim de mostrar o motivo por que determinadas ações são permitidas, enquanto outras são proibidas. (*As antiguidades judaicas*, XX, 266-8)

Atualmente, é corrente admitir-se que o texto que encerra a obra *As antiguidades judaicas* é a *Autobiografia*, que deveria ter sido publicada como seu apêndice. Em compensação, é bastante difícil determinar se o último escrito anunciado teria sido *Contra Apião*; no caso afirmativo, o projeto inicial teria sido consideravelmente modificado. Seja como for, Josefo manteve suas intenções: reescrever o relato da guerra, continuar a narrativa da história do povo judeu – dessa vez desenvolvendo os acontecimentos subseqüentes –, explicá-la e traduzi-la para o mundo grego, além de justificar suas posições.

Vê-se, portanto, que essa narrativa apologética não só falha em seu objetivo, mas acaba lançando suspeição sobre o conjunto do *corpus* e até mesmo sobre a tentativa de seu autor. Josefo julgou que seria possível promover uma visão histórica e universal do judaísmo; no entanto, sua *Autobiografia* mostra-nos um homem acuado, cuja obra é questionada desde o início, ou seja, desde o relato fundador da guerra. Ainda mais, a narrativa expõe a derrota, transformando-a em um espetáculo, às vezes lastimável, freqüentemente emocionante e, em determinadas circunstâncias, risível; além disso, deixa para a posteridade o nome de um rival que, sem ele, teria permanecido desconhecido. Assim, explica-se que, em razão da impossibilidade de julgar a obra de Justo a não ser aplicando-lhe o benefício da dúvida, a crítica tenha sido exercitada, tão vigorosamente, sobre o único *corpus* à sua disposição: o de Josefo.

6
Josefo e a continuidade do judaísmo

O percurso desse homem, que parece ter feito, sistematicamente, as escolhas menos favoráveis do ponto de vista do judaísmo, é surpreendente. Ao desmoronar-se o Templo, o judaísmo já havia iniciado uma nova etapa, em Yavneh; ora, Josefo encontrava-se em Roma e, aparentemente, tudo o impedia de aliar-se a essa comunidade, considerada como aquela que será "bem-sucedida". A partir desse paradoxo – ou seja, Josefo entrava na historiografia no momento em que o judaísmo rejeitava a História –, tentaremos vislumbrar o eventual esboço de uma filosofia da História em Flávio Josefo.

Yavneh, a recusa da História, e Josefo, historiador judeu

Josefo poderia ter escolhido – à semelhança de Tibério Alexandre, sobrinho de Filo de Alexandria – fazer carreira no império. Prefeito do Egito, esse Tibério não hesitou em massacrar judeus durante as revoltas do ano 66 para evitar que sua província fosse submersa pela rebelião; aliás, nessa época, verificou-se um grande número de massacres de judeus em várias cidades helenizadas, na periferia da Judéia. Em vez disso, Josefo – comprometido, até mesmo na opinião de seus compatriotas – fazia a escolha da continuidade do judaísmo na própria Roma.

Depois da destruição do Templo, o judaísmo continua subsistindo. Na Diáspora, essa continuidade não era motivo de surpresa, já que, havia várias gerações, os judeus viviam longe do Templo. Apesar disso, sua situação era bastante confusa ou desconfortável: por exemplo, a comunidade de Alexandria acabou sofrendo numerosas perseguições; em 115, pode-se inclusive falar de uma guerra aberta contra Roma. O mesmo ocorreu em um grande número de territórios do império, em particular na Cirenaica* e em Chipre; tais sublevações contribuíram para o desaparecimento, puro e simples, das comunidades judaicas dessas regiões.

Após a derrota, o judaísmo conservou, em Roma, o estatuto de *religio licita* (religião autorizada); no entanto, suas relações com o poder eram difíceis. Daí em diante, os judeus foram obrigados a pagar impostos, tornando-se objeto de repetidas – e, muitas vezes, violentas – afrontas.

Na própria Judéia, o judaísmo tradicional encontrava-se em um impasse; nessa época, em Yavneh, começou a se elaborar o que será o judaísmo do futuro – antepassado direto do judaísmo na atualidade –, no qual as práticas associadas ao Templo – em particular sacrifícios e festas de peregrinação – serão sistematicamente transformadas e deslocadas, a partir de uma leitura *interpretativa* dos textos sagrados empreendida pelos sábios. Com o desaparecimento do judaísmo associado ao Templo, poderíamos imaginar que Josefo viesse a se juntar aos rabinos de inspiração farisaica: aliás, nosso autor compraz-se em lembrar

---

* Cirenaica: região situada na África – nordeste da atual Líbia –, cujas colônias gregas foram anexadas por Roma. (N. T.)

que ele próprio é doutor da Lei. De fato, seu percurso intelectual orientava-o para o tipo de judaísmo "interpretativo": apesar de sua origem sacerdotal, ele rejeitava não só a corrente saducéia – apegada à letra dos textos e das práticas –, mas também o messianismo apocalíptico que, no final da guerra, havia sido adotado por uma parcela considerável dos insurretos. Suas escolhas o fizeram tomar um outro rumo, seja pela ambição de um destino mais "universal", que acabou fracassando, seja por ter sido rejeitado pela comunidade que, em Yavneh, se tinha formado em torno de Rabi Yochanan ben Zakai.

A "academia" de Yavneh constituiu-se com o consentimento dos romanos, ou seja, em concorrência direta com Josefo. O judaísmo era *religio licita* também na Judéia, e tal estatuto não será contestado sequer após a revolta de 135, na seqüência da qual os judeus foram expulsos de Jerusalém. Verifica-se, portanto, que as rivalidades de nosso autor não se limitavam a Roma; além disso, à semelhança de Justo de Tiberíades, Yochanan ben Zakai tornou-se um duplo – dessa vez bem-sucedido – de Josefo.

Entretanto, convém proceder à análise desse ponto com as maiores precauções porque, uma vez mais, carecemos de dados históricos. O movimento rabínico havia sido desencadeado muito antes de Yavneh; o próprio Yochanan ben Zakai tinha sido um aluno dos primeiros *tannaim*. Depois do ano 70, durante algum tempo, ainda houve quem acreditasse na possibilidade de uma espécie de "restauração", um retorno ao *statu quo ante*: afinal de contas, Israel já havia vivenciado, em outras ocasiões, acontecimentos semelhantes. Ao concluírem que a situação iria perdurar, os exilados acabaram multiplicando o número de academias e reescreveram suas origens, ligando o novo movimento à literatura rabínica anterior a 70. Nesse caso, o Talmude transformou Yochanan ben Zakai no "refundador", associando sua história à história de Jerusalém. É então que as semelhanças com Josefo tornaram-se incômodas: do mesmo modo que, em sua obra, nosso autor havia ignorado Yavneh, assim também o rabinismo há de ignorá-lo, não deixando de operar uma substituição entre as duas personagens. De fato, a lenda relata que, fazendo-se passar por morto, Yochanan ben Zakai fugiu de Jerusalém em um caixão para chegar à presença de Vespasiano – que, provavelmente, já não se encontrava na região! – e predizer-lhe o império... Em compensação, e a seu pedido, teria conseguido autorização para instalar-se em Yavneh.

> Ao chegar junto a Vespasiano, Rabi Yochanan ben Zakai disse-lhe: "Ó rei, a paz esteja contigo! – Por causa da tua saudação, és passível de uma dupla pena de morte: em primeiro lugar, atribuíste-me o nome de rei e não o sou; e, em seguida, no pressuposto de que eu o fosse, deverias ter vindo procurar-me mais cedo. – Apesar de tua negação, garanto que és rei; se não fosses um soberano, Jerusalém não teria caído em tuas mãos, pois está escrito: 'o Líbano cairá nas mãos do poderoso' (Isaías 10,34). Ora, o termo 'poderoso' aplica-se somente a um rei, porque está escrito: 'Seu soberano sairá de seu próprio seio' (Jeremias 30,21). Por sua vez, o termo 'Líbano' refere-se ao Templo, já que foi dito: 'Essa bela montanha e o Líbano' (Deuteronômio 3,25). Por outro lado, afirmaste: 'Se eu sou rei, por que não viestes procurar-me mais cedo?' Simplesmente porque os desordeiros do nosso campo impediram que eu saísse da cidade".

Nesse momento, vindo de Roma, um mensageiro disse a Vespasiano: "Levanta-te, pois César morreu e os homens notáveis de Roma resolveram escolher-te como rei".

Então, Vespasiano disse a Rabi Yochanan ben Zakai: "Vou partir e enviarei outra pessoa para assumir meu lugar; mas conceder-te-ei o que me pedires". Ele lhe disse: "Dá-me a cidade de Yavneh com todos os seus sábios, os descendentes de Raban Gamaliel, assim como médicos para curar Rabi Tsadok". (*Talmude da Babilônia*, Tratado *Gittin*, 56, a-b)

Entre o Talmude, que ignorava a História ou, mais exatamente, eliminava os vestígios históricos ao remanejar seus "escritos", e o historiador Josefo, que mentia ocasionalmente, quem teria sido o plagiador, supondo-se que o problema possa ser formulado nesses termos? Nossa única certeza baseia-se no seguinte: por um lado, Josefo escreveu, efetivamente, sua história com a autorização das autoridades romanas, e, por outro, Yavneh desenvolveu-se consideravelmente a partir de uma autorização semelhante. Como se vê, há matéria para um romance, e esse romance acabou sendo escrito, como veremos a seguir.

Quaisquer que tenham sido as razões, Josefo escolheu Roma e a História no momento em que, por vários séculos, o judaísmo separava-se desta última. Para nosso autor, a História tinha um sentido e os acontecimentos contribuíam para construir uma história universal; como vimos, sua visão teológica da História seguia a de Daniel. Ainda melhor, e referindo-nos sempre a S. Mason, a profecia de Josefo relativa a Vespasiano teria sido diretamente inspirada por uma outra visão de Daniel, ou seja, a das quatro enormes feras, das quais a quarta suplanta as outras (Daniel 7,3-8). Ela possui dez chifres; e depois, no meio deles, surge um chifre pequeno que encontra seu lugar ao destruir três dos chifres precedentes. Essa visão deveria ser entendida como a sucessão dos imperadores depois de César; e, em seguida, a eliminação de Galba, Oto e Vitélio, que foram "substituídos" por Vespasiano (o décimo chifre), graças a Tito ou a Domiciano (o pequeno chifre) que haviam permanecido em Roma.

Será que se pode falar de uma visão josefiana da História? Se prestarmos atenção, observaremos que os acontecimentos particulares não passavam de contingências em relação ao sentido geral, que pertencia exclusivamente a Deus. Com toda a certeza, os textos contêm predições: em seus livros, os profetas inscreveram as mensagens de Deus; esse é o caso, entre outros, de Daniel e Jeremias. Entretanto, Josefo recusou-se a fazer qualquer concessão aos movimentos messiânicos que tumultuaram sua época. Afinal, sua obra reflete toda a sua evolução pessoal e é possível avaliar o caminho percorrido desde *A guerra dos judeus* até *As antiguidades judaicas*. O primeiro livro constitui sua iniciação na História; além de exibir ainda a marca dos acontecimentos, mostra claramente a idéia de que Josefo era o continuador dos profetas da Bíblia e estava autorizado não só a interpretar o oráculo ambíguo que anunciava a chegada de Vespasiano, mas também a ler os sinais da destruição do Templo. No entanto, a idéia de que as ações humanas não podiam alterar o curso de uma História escrita por Deus explica suas tomadas de posição no final da obra, assim como sua recusa de qualquer insurreição. De fato, somente a leitura do oráculo dependia da predição profética: o resto não passava de reinterpretação das profecias passadas e dos sinais enviados incessantemente por Deus. Assim, para o historiador, a guerra havia sido desencadeada precisamente na seqüência do sacrílego assassinato do sumo sacerdote; se acrescentarmos que Josefo utilizou o oráculo, em grande parte, para salvar sua vida, verificamos que nosso herói encontrava-se em um ponto de articulação entre profecia e procedimento histórico...

O papel do historiador não consistiria precisamente em interpretar os textos do passado e articulá-los com os acontecimentos? Aliás, tal função permaneceria inalterável mesmo que tais textos contivessem elementos relativos ao futuro. Em seguida, ao abordarmos *As antiguidades judaicas*, podemos dizer que Josefo tornou-se realmente o historiador que pretendia ser em sua primeira obra. A providência divina – expressão freqüente em seus textos, um tanto semelhante à palavra *Tyché* em Políbio – orientava a História, seja ela universal ou história individual, permitindo explicar o que às vezes parece estar oculto, mas talvez o tempo dos profetas tenha terminado; de qualquer modo, os papéis de profeta e historiador devem ser distinguidos, separados, sobretudo quando se referem à mesma pessoa. A leitura de Daniel pode ser apresentada como exemplo: *a recusa em interpretar o futuro fundamenta o procedimento histórico.* Além de ser, talvez, uma prudente reserva, trata-se de uma tomada de posição plenamente coerente com a tentativa de "tradução" racional da Bíblia; está em harmonia com o percurso de Josefo, descrito na *Autobiografia*, quando ele negligenciou as vantagens associadas a suas origens sacerdotais para aderir ao farisaísmo.

É provável que essa postura tivesse sido adotada para garantir, paradoxalmente, uma síntese – pelo menos parcial – entre judaísmo e helenismo. Ao escolher o farisaísmo, Josefo mostrava sua preferência por uma leitura mais "moderna" da Bíblia. Desde o século I a.C., os fariseus instauraram verdadeiras escolas de estudo da *Torá*; considerando a evolução ulterior, pode-se dizer que eles prepararam a passagem do judaísmo do Templo para o judaísmo das escolas rabínicas, das quais se tornarão os animadores. A leitura sistemática dos escritos da Tradição, assim como uma atmosfera eminentemente intelectual, associada a uma audiência popular bastante ampla, não deixariam de seduzir o jovem brilhante que era Josefo, o qual, por suas origens, estava próximo da aristocracia. Tudo indica que, na esteira de Filo e na linhagem das numerosas comunidades judaicas helenófonas, Josefo poderia ter contribuído, enormemente, para essa síntese; de fato, comum a todas suas obras, encontra-se a convicção de que o judaísmo era a base da legislação ideal. Eis o que explicaria a escolha dessa posição desconfortável, em Roma, desde o ano 80, contribuindo para justificar sua preferência pelo grego.

No entanto, os acontecimentos deram outro rumo à história: uma grande parte dos fariseus foi favorável à revolta do ano 66; é possível sentir o incômodo de Josefo diante dessa decisão. Por isso mesmo, tratou com deferência as grandes figuras farisaicas de seu tempo, chegando mesmo a tecer elogios, por exemplo, a Simão ben Gamaliel, bisneto de Hillel[1], apesar de sua oposição aos romanos. Atribuiu a responsabilidade pela guerra aos "desordeiros" – zelotes, sicários, chefes locais –, minimizando o papel dos fariseus que, de resto, não constituíam um grupo uniforme, conforme fica demonstrado pela bem-sucedida evasão de Rabi Yochanan ben Zakai. De qualquer modo, antes mesmo dos acontecimentos de Jotapata, já existia ruptura com o movimento farisaico, ocorrência que teria afetado Josefo. No entanto, o desenvolvimento de Yavneh verificou-se, certamente, sem sua intervenção, mesmo que a historieta relativa a Yochanan ben Zakai e Vespasiano demonstrasse que a tentação do duplo teria provocado a imaginação das pessoas.

Em suma, a visão histórica de Josefo não apresenta nenhuma surpresa: ela é teleológica e determinista, embora

---

1. Hillel e Shammai, eminentes rabinos da primeira geração – conhecida pelo nome de *tannaim*, plural de *tanna* –, reputados fundadores de escolas, grandes mestres do Talmude, tradicionalmente associados a duas atitudes bem distintas em relação à Lei: Hillel personificava a indulgência e Shammai a severidade.

rejeite claramente pronunciar-se sobre o sentido dos acontecimentos futuros. Pode-se pensar que, em Jotapata, Josefo teria compreendido a significação de sua aventura individual; no entanto, a *Autobiografia* daria a impressão de afirmar que, ao reconhecer seu equívoco, ele procurava recompor seu passado para garantir a pertinência de suas escolhas quando, afinal, a História presente deixara de manifestar quaisquer sinais relativos a seu destino excepcional.

A esse historiador judeu só restava praticar a única historiografia possível, a greco-romana, por razões práticas e de sobrevivência, mas também porque não existia outra solução: as comunidades judaicas de língua grega passavam por situações difíceis; além disso, ele havia sido rejeitado pelo judaísmo de Yavneh. Seu papel de continuador do judaísmo tendo sido condenado no plano oficial, ele se tornará o historiador do judaísmo. Ei-lo, então, sozinho em Roma.

Leituras de Josefo

Apesar disso, Josefo continuava mantendo relações com o judaísmo. Vimos que, apesar de ignorá-lo, o Talmude acabou por "recuperar" sua imagem de profeta. Aliás, Josefo estava em boa companhia: Filo havia sofrido o mesmo tipo de tratamento. No entanto, a presença de Josefo na literatura rabínica nunca será suficientemente avaliada.

O gênero de textos redigidos em Yavneh menosprezou, deliberadamente, a história; entretanto, os acontecimentos do ano 70 deixaram vestígios incontestáveis. A predição de Yochanan ben Zakai pode ser mencionada como um exemplo, entre outros. O mesmo trecho do Talmude apresenta-o como um curandeiro de Vespasiano; aliás, vários séculos depois, essa lenda será retomada por conta de Josefo. Verifica-se, então, uma troca de historietas entre os dois: os judeus presentes durante o cerco de Jerusalém podem ter sido a fonte do episódio da profecia relacionada com Vespasiano, mas não está completamente excluído que essa narrativa seja o eco longínquo de uma leitura de *A guerra dos judeus*.

No decorrer dos séculos, o nome de Josefo ainda continuou obcecando o judaísmo: as denominações *Yosippon*, Hegésipo, não poderiam ser consideradas como transformações do nome do historiador? Tradutor por excelência, o próprio Josefo foi profusamente traduzido para as mais diversas línguas, o que dá testemunho de uma imensa difusão da obra, assim como de uma popularidade que, muitas vezes, servirá como explicação para as mais extravagantes interpolações.

A obra inteira foi traduzida, inicialmente para o latim; as versões latinas foram de tal modo predominantes que um longo trecho de *Contra Apião* só é conhecido, hoje em dia, nessa língua; foi também nesse idioma que ela subsistiu nos círculos cristãos, pelas razões já apresentadas no capítulo 2.

Uma dessas versões, conhecida pelo nome de Hegésipo – autor desconhecido do século IV que afirma ter consultado os escritos de um certo Joseph ben Gurion, filho de Mattathias, e chefe da revolta judaica! –, serviu de base para a primeira versão, em hebraico, publicada na Itália, no século X, sob a denominação de *Sefer Yosippon*. Amplamente retrabalhada três séculos depois, essa versão contribuiu para disseminar os escritos de Josefo nos círculos judeus, tendo sido traduzida em todas as línguas da Diáspora, incluindo o árabe e o iídiche. Nessa obra não existe nenhuma referência a Josefo; assim, e depois do fracasso de várias tentativas, sua reaparição "oficial" no judaísmo ocorreu somente no século XIX.

Por sua vez, os cristãos consideraram Josefo como o "quinto evangelho". Em sua *História eclesiástica*, Eusébio de Cesaréia[2] reservou-lhe uma posição de honra. Até o século XIX, por boas e más razões, foi utilizado profusamente, tendo sido, por assim dizer, um verdadeiro maná para modernos Apiões, nessa época em que o antijudaísmo tradicional começa a dar lugar para o moderno anti-semitismo, lamentável retrocesso. Entretanto, até mesmo nos círculos cristãos a validade do *Testimonium Flavianum* foi objeto de um debate incessantemente reproduzido, no mínimo desde Orígenes (século III). Deste modo, os mais contraditórios epítetos têm sido atribuídos, sucessivamente, a Josefo: *Graecus Livius*, Tucídides judeu, assim como *scriptor mendacissimus* (o mais mentiroso dos escritores). Apesar disso, até o século XIX, o exercício favorito dos cristãos continuou sendo a tentativa de utilizar Josefo para comprovar "racionalmente" a divindade de Jesus. Tal procedimento foi adotado – por exemplo, no final desse século – por um venerável sacerdote que, depois de afirmar que se dedica à escrita "em seu presbitério do campo", acrescenta a essa lista o epíteto de *veritatis diligentissimus investigator* (o mais diligente de todos os investigadores da verdade). O conteúdo de seu livro manifesta-se claramente no título:

> *A BÍBLIA sem a Bíblia, ou História do Antigo & do Novo Testamento unicamente pelos testemunhos profanos*, pelo rev. Gainet, pároco de Cormonteil, cônego honorário, membro da Academia de Reims.[3]

---

2. Eusébio de Cesaréia (265-340): escritor grego e bispo de Cesaréia, autor de uma *História eclesiástica* e de uma *Vida de Constantino*.
3. "*LA BIBLE sans la Bible, ou Histoire de l'Ancien & du Nouveau Testament par les seuls témoignages profanes*, par M. Gainet, curé de Cormonteil, chanoine honoraire, membre de l'Académie de Reims". Composta por dois volumes, essa obra foi publicada em Bar-Le-Duc

Josefo foi também objeto de sucessivos "reinvestimentos". Em seu Prefácio[4], P. Vidal-Naquet lembra que jovens judeus próximos da Irgun (organização sionista de direita), reunidos secretamente durante a ocupação da França pelas tropas nazistas, instruíram o processo de Josefo, acabando por condená-lo. Por sua vez, o escritor marxista Lion Feuchtwanger[5] serviu-se do aspecto romanesco da personagem para escrever uma trilogia que, à sua maneira, "completa" o imenso vazio deixado pela *Autobiografia*. É verdade que o exercício era tentador; pode-se até imaginar o motivo que, às vésperas da guerra, teria levado esse judeu de cultura alemã a sentir atração por um judeu de língua grega e cidadão romano. Nesse romance, nosso autor é transformado em um homem entre dois mundos, o protótipo do ser dividido entre duas culturas. Dessa trilogia, os americanos não deixaram de extrair uma série para a televisão, intitulada *Massada*; por sua vez, raros são os historiadores, muito ou pouco interessados pela temática (afinal de contas, atualmente existe um Estado de Israel, cuja capital – contestada – é Jerusalém, e Massada é monumento nacional), que permanecem indiferentes a esse personagem. A fortaleza de Massada continua sendo objeto de escavações;

(230 km a leste de Paris), Louis Guérin, Imprimeur-Éditeur, 1871; são conhecidas, no mínimo, duas edições.

4. P. Vidal-Naquet, "Du bon usage de la trahison", op. cit., p. 34.
5. Lion Feuchtwanger (1884-1958): autor, em particular do romance histórico *Le Juif Suss*: através da célebre figura de um "judeu da corte", indispensável para os príncipes alemães do século XVIII – vítima do ódio e de intrigas políticas –, é esboçado um quadro da sociedade da época e do trágico destino da comunidade judaica. Em 1940, por ordem de Goebbels, o conteúdo distorcido dessa obra serviu de roteiro ao diretor Veit Harlan, que assinou um filme para servir à propaganda anti-semita dos nazistas – cf. o Prefácio de Léon Poliakov, "Histoire de Süss Oppenheimer, conseiller financier et politique du duc de Wurtemberg, entre 1730 et 1740", edição francesa traduzida por Maurice Rémon, Paris, Balland/Adel, 1978.

durante a visitação, as pessoas servem-se sempre das indicações fornecidas pela obra de Josefo. Assim, já foi encontrada a rampa de acesso construída pelos romanos para dar o assalto final e cuja descrição havia sido feita por ele sob o fascínio – fartamente documentado em seus escritos – pela máquina de guerra romana. As conclusões que podem ser tiradas dessa postura têm sido objeto de numerosas polêmicas. Mas é difícil negar a importante contribuição de Josefo para a continuidade do judaísmo: apesar de ter sido ignorado pelo Talmude, ele está sendo redescoberto pelo judaísmo confrontado à modernidade; além disso, de alguma forma, o sionismo tem procurado anexá-lo, sem deixar de rejeitá-lo. Josefo, o historiador, ou Josefo, o símbolo?

Em plena querela da *Assimilação*[6] entre "israelitas" e "judeus", no início do século XX, Josefo foi publicado, em francês, em edição dirigida por Théodore Reinach[7], fervoroso assimilacionista e membro eminente da Sociedade dos Estudos Judaicos; até então, prevalecia a tradução "cristã" de Arnaud d'Andilly, irmão do grande Arnaud de Port-Royal (século XVII). Esse foi o momento em que alguns judeus, desejosos de se fundirem na "França" – segundo eles, nação triunfante e dotada das

---

6. Desde a década de 1970, a comunidade judaica da França encontra-se violentamente dividida: por um lado, aqueles que – à semelhança dos irmãos Reinach, James Darmesteter, Bernard Lazare ou o barão de Hirsch, respaldados nos direitos cívicos que lhes foram atribuídos durante o reinado de Napoleão, deixaram de considerar-se exilados – são partidários do abandono do Talmude e voltam-se para os Profetas para tornarem-se israelitas, ou seja, cidadãos franceses de confissão judaica; e, por outro, aqueles que – na prática, os recém-chegados dos países do Leste Europeu – permanecem apegados a Jerusalém, ao Talmude e a suas prescrições. Cf. Michael R. Marrus, *Les Juifs de France à l'époque de l'affaire Dreyfus*, Prefácio de P. Vidal-Naquet, Paris, Calmamm-Lévy, 1972.
7. Théodore Reinach: autor de uma *Histoire des Israélites depuis la ruine de leur indépendance nationale jusqu'à nos jours*, 1884.

virtudes de sua própria Tradição –, procuravam um exemplo de fidelidade a um judaísmo que, apesar de ter renunciado à soberania, mantinha a pretensão de ser autêntico.

Do mesmo modo, convém observar que no mínimo um grupo de elite das forças armadas israelenses, chamado Golani, leva seus novos recrutas a prestar juramento em Massada, lembrando-lhes que, na véspera da independência do Estado de Israel, David Gryn preferiu chamar-se Ben Gurion (1886-1973) para dirigi-lo...

Josefo, fantasma da historiografia judaica?

Para concluir, formularemos a seguinte questão: por que ler Josefo atualmente?

Por ser testemunha – embora parcial – de uma época de transição, continuamente obscurecida por paixões políticas e religiosas; por colocar em evidência – de maneira involuntária, embora preciosa – o trabalho do historiador às voltas com um acontecimento ainda candente, sobretudo em sua *Autobiografia*, na qual Josefo revela ter sido apanhado de surpresa, quase chegando a cometer lapsos, justamente no momento em que desejava retificar sua imagem pública. E, acima de tudo, por ser o fundador – durante muito tempo não-reconhecido ou mal compreendido – da história judaica: em sua tentativa de pensar sem se servir das tranqüilizadoras categorias de seus antepassados[8], ele foi o primeiro judeu que procurou

---

8. "A historiografia geral da Bíblia hebraica é construída a partir de um modelo indefinidamente repetitivo: Deus é bom para o povo; além de não ter a devida consideração pela generosidade divina, o povo revolta-se contra Deus e Seus Mandamentos; Deus castiga o povo; este acaba por arrepender-se; Deus o livra de seus tormentos. Apesar da mudança do nome dos 'bons' e dos 'malvados', a história repete-se e volta a se repetir. O castigo assume, quase sempre, a forma de uma suspensão ou de uma abolição da soberania nacional, e a libertação toma a forma de

levar em consideração, por um lado, o encadeamento lógico das causas materiais e, por outro, o desígnio impenetrável do Deus de Israel, tendo evitado, ao mesmo tempo, a predição.

Ao proceder dessa forma, ele se enganou em determinados aspectos, principalmente em relação a seu próprio destino. Isto seria, evidentemente, inevitável, mas também porque, ao tentar refletir, no calor da hora, sobre a natureza e o alcance do turbilhão em que estava envolvido, acabou fazendo a dolorosa experiência de uma nova dificuldade: ao ler as Sagradas Escrituras de maneira "realista" – por exemplo, sua justificação da idade dos patriarcas –, descobriu, a contragosto, que estas necessitavam continuamente de um *referente*, não cabiam em nenhum *tipo de condicionamento* e, por conseguinte, sua significação deveria, necessariamente, ser objeto de uma *interpretação*. É impossível ter a pretensão de ler as Escrituras à maneira dos denominados "fundamentalistas", porque nunca se sabe do que elas falam exatamente: ocorre que determinados acontecimentos materiais – por exemplo, a improvável destruição do Templo de Jerusalém, local da Presença divina – demonstram, segundo parece, a falsidade desse enfoque ou, mais exatamente, a falsidade da idéia que alguém possa ter a propósito do que elas estavam falando... Lição salutar.

A leitura de Josefo, por conseguinte, leva-nos a sentir prazer nos balbucios de uma História que, em grande parte, ainda é a nossa.

---

uma restauração. E, muitas vezes, a 'vara da ira de Deus' (Isaías 10,5) é um rei gentio e/ou uma nação gentia.
"Daí, seguem-se duas coisas. A primeira é que, se o povo cumprir o arrependimento exigido, o 'exílio' será necessariamente seguido pela 'Redenção'..." J. J. Petuchowski, "Thinking in Our Ancestors' Categories", in *Judaism*, nº 126, Nova Iorque, primavera de 1983, p. 197.

Aliás, os *sites** dedicados a Josefo e as numerosas reedições de sua obra são suficientes para mostrar que, além de constituir um assunto para eruditos ou especialistas, ele continua sendo um desafio nos debates de nosso tempo, marcado pela recrudescência dos fundamentalismos, pela repercussão cada vez mais forte alcançada por um judaísmo "laico" e pela indagação ininterrupta sobre a idade do mundo e dos patriarcas, assim como sobre a historicidade de Jesus...

---

* < http://members.aol.com/fljosephus/testhist.htm >;
< http://www.uni-muenster.de/judaicum/josephus/josephusonline-e.html >.
(N. T.)

Indicações bibliográficas

Obras de Flávio Josefo

Em francês, não existe tradução integral das obras de Josefo; o último empreendimento desse gênero (sem a *Autobiografia*) remonta ao início do século XX (*Œuvres complètes*. Trad. sob a direção de Théodore Reinach. Paris: Société d'Études Juives, 1900-32. 7 vol.).
A edição científica bilíngüe – grego/inglês – completa, foi publicada pela Loeb Classical Library (*The Complete Works of Flavius Josephus*. Org. Henry St. John Thackeray et al. Londres: Cambridge, 1928-1998. 10 vol.).

Edições em francês (textos que, embora não literalmente, serviram de base para as citações do original)

Autobiographie. Texto estabelecido e traduzido por André Pelletier, S.J. 2ª ed. Paris: Les Belles Lettres, 1983.
Antiquités judaïques. Texto estabelecido, tradução e notas por Étienne Nodet, O.P. Paris: Éditions du Cerf, 1990 e 1995. 2 vol. [A edição vai apenas até o livro V.]
La Guerre des Juifs. Texto estabelecido e traduzido por André Pelletier, S.J. Paris: Les Belles Lettres, 1975-1982. 3 vol. [A edição vai apenas até o livro V.]
La Guerre des Juifs. Traduzido do grego por Pierre Savinel. Prefácio de Pierre Vidal-Naquet. Paris: Minuit, 1977.

Contre Apion. Texto estabelecido e anotado por Théodore Reinach, traduzido por Léon Blum. Paris: Les Belles Lettres, 1930.

Registramos a existência de um CD-Rom – que não chegamos a consultar – contendo, em inglês, as obras completas de Josefo e de Filo de Alexandria; sua apresentação, pouco detalhada, pode ser consultada no *site*
< http://centuryone.com/715-2.html >

Dispomos, igualmente, de um texto de Josefo – não integral, embora mais seguro – graças ao projeto Perseus; o texto grego está acompanhado por uma tradução inglesa e por *links* para a consulta do dicionário Liddel & Scott. Consulta pelo *site*
< http://medusa.perseus.tufts.edu >

Obras gerais e artigos sobre Flávio Josefo

BARISH, D. A. "The *Autobiography* of Josephus and the Hypothesis of a Second Edition of his *Antiquities*". In: *Harvard Theological Review*, 71 (1978), p. 61-75.

BERNARDI, J. "De quelques sémitismes de Flavius Josèphe". In: *Révue des Études Grecques*, 100 (1987), p. 18-29.

BIBLE (*La*). *Écrits intertestamentaires*. Edição publicada sob a organização de André Dupont-Sommer e Marc Philonenko. Paris: La Pléiade, Gallimard, 1987.

BOHRMANN, M. *Flavius Josèphe, les Zélotes et Yavné*. Pour une relecture de *La Guerre des Juifs*. Berna: Peter Lang, 1989.

COHEN, S. J. D. *Josephus in Galilee and Rome*. His Vita and Development as a Historian. Leyde (Holanda): Brill, 1979.

FELDMANN, L. H. "Flavius Josephus Revisited; The Man, his Writing and his Significance". In: *Aufstieg und Niedergang der römischen Welt*, II, 21-2. Berlim: De Gruyter, 1984, p. 763-862.

FRANKFORT, Th. "La Date de l'autobiographie de Flavius Josèphe et des œuvres de Juste de Tibériade". In: *Révue Belge de Philologie*, 39 (1961), p. 52-58.
_____. "Le Royaume d'Agrippa II et son annexion par Domitien". In: *Hommages à Albert Grenier*. M. Renard (ed.). Bruxelas, 1962, p. 659-672.
HADAS-LEBEL, M. *Flavius Josèphe:* Le Juif de Rome. Paris: Fayard, 1989, 1993. [Ed. brasileira: *Flávio Josefo*: o judeu de Roma. Rio de Janeiro: Imago, 1991.]
_____. *Jérusalem contre Rome*. Paris: Éditions du Cerf, 1990.
JONES, A. H. M. *The Herods of Judea*. Reedição. Oxford: Clarendon, 1967.
LEON, H. J. *The Jews of Ancient Rome*. Filadélfia: The Jewish Publication Society of America, 1960.
MIGLIARIO, E. "Per l'interpretazione dell'autobiografia di Flavio Giuseppe". In: *Athenœum*, 59 (1981), p. 92-137.
MOMIGLIANO, Arnaldo. *The Development of Greek Biography*. Harvard: Harvard University Press, 1971.
MOSÈS, A. "Enjeux personnels, enjeux collectifs dans la *Guerre des Juifs*". In: *Bulletin de l'Association Guillaume Budé*, 2 (1986), p. 186-201.
NODET, E., O. P. "Jésus et Jean-Baptiste selon Josèphe". In: *Révue Biblique*, 92 (1985), p. 321-48 e 497-524.
PARIENTE, F. e Sievers, J. (org.). *Josephus & the History of the Greco-Roman Period*. Essays in Memory of Morton Smith. Leyde (Holanda): Brill, 1994. Nessa coletânea, deverá ser lido, em particular, o texto de Steve Mason, "Josephus, Daniel and the Flavian House", p. 160-91.
PENNA, R. "Les Juifs à Rome au temps de l'Apôtre Paul". In: *New Testament Studies*, 28/3 (1982), p. 321-47.
POZNANSKI, L. *La Chute du Temple de Jérusalem*. Bruxelas: Éditions Complexe, 1991.
RAJAK, T. *Josephus, The Historian and his Society*. Londres: Duckworth, 1983.
_____. "Justus of Tiberias". In: *Classical Quarterly*, 23 (1973), p. 345-68.
SCHALIT, A. "Josephus und Justus. Studien zur Vita des Josephus". In: *Klio*, 26 (1933), p. 65-95.

SIMON, M. *Le Judaïsme et le Christianisme Antique*. 2ª edição atualizada. Paris: Presses Universitaires de France, 1985. (Col. Nouvelle Clio)
SMALLWOOD, E. M. *The Jews under Roman Rule from Pompey to Diocletian*. Leyde (Holanda): Brill, 1976.
VIDAL-NAQUET, P. "Du bon usage de la trahison". Prefácio da tradução de *La Guerre des Juifs* de Flávio Josefo. Cf. *supra*. Ver, igualmente, a tradução italiana desse prefácio que, por sua vez, é apresentado por A. Momigliano, *Il buon uso del tradimento*. Roma: Editori Riuniti, 1980.

_____. "Les Juifs entre l'État et l'apocalypse". In: Nicolet, C. (org.) *Rome et la conquête du monde méditerranéen*. 2. *Génèse d'un empire*. 2ª edição atualizada. Paris: Presses Universitaires de France, 1989. (Col. Nouvelle Clio)

_____. *Les Juifs, la mémoire et le présent*. Paris: La Découverte, 2 tomos, 1981 e 1991. Reeditado em um volume na coleção Points Essais, Paris: Le Seuil, 1995.

_____. *Réflexions sur le génocide*. Les Juifs, la mémoire et le présent. Tomo III. Paris: La Découverte, 1995.

VILLALBA I VARNEDA, P. *The Historical Method of Flavius Josephus*. Leyde (Holanda): Brill, 1986.
YERUSHALMI, Y. H. *Zakhor. Jewish History and Jewish Memory*. Washington: Washington University Press, 2005.

Em português

JOSEFO, F. *História dos hebreus*. Trad. do grego P. Vicente Pedroso. Rio de Janeiro: Casa Publicadora das Assembléias de Deus, 1992.

ESTE LIVRO FOI COMPOSTO EM SABON
CORPO 10,7 POR 13,5 E IMPRESSO SOBRE
PAPEL OFF-SET 90 g/m² NAS OFICINAS DA
BARTIRA GRÁFICA, SÃO BERNARDO DO
CAMPO-SP, EM MARÇO DE 2006